1편 중독 편 **내가 원하는 뇌**

사람은 만들기에 달려 있다

최 영 자 지음

중독예방만이 최선책

행복과 성공의 열쇠는 뇌에 있다

부모님들이 알아야 할 자녀들의 뇌

도서출판 조은

들어가며...

21세기를 맞이하여 과학 문명의 발달로 인류는 엄청난 문명의 발달을 이루어 왔다. 이에 강점과 단점이 분명 있게 마련이다. 인류는 최첨단 디지털 문명을 개발하여 전 세계가 하나가 되는 지구촌을 형성하는데 기틀를 마련하게 되었다. 그런데 이에 반해 그로 인한 폐해가 서서히 본 모습을 드러내고 있는 것에 대한 저자는 심각한 우려를 나타낼 수 밖에 없다. 중독을 전공하면서 중독의 위험성과 그 폐해는 누구보다 잘 알고 있다고 생각한다. 우리사회가 중독으로부터 안전지대가 있는가? 하는 생각을 해 봐야 할 것이다.

현재 우리사회는 수 많은 중독들로 인해 심각한 사회적 문제 뿐만 아니라 개인과 가정까지도 파괴되고 있는 실정이다. 그렇다면 중독에 대해 알아야 할 것이다.

몰라서 당하는 것처럼 억울한 것이 없다는 말을 나의 멘토를 통해 배운바 있다. 이 책을 읽고 있는 독자 또한 공감하리라 생각한다. 특히 내담자들에게 왜 중독이 되었는지 자신에게 물음표?를 던져 보라고 하면 대다수 많은 중독자들이 자신도 모르는 사이 "몰라서 걸렸다"는 이야기를 많이 하고 있다.

세상 살면서 수 만 가지 정보의 홍수 속에 살고 있는 현대인들에게 몰라서 당하는 일들이 과연 얼마나 될까? 잠시 생각해 보기도 했지만 실질적으로 우리사회는 디지털 문명에 빠져 본인이 알고 있는 모든 것들이 진정 자신이 알고 있다? 는 착각 속에 빠져 있는 듯하다. 그런데 자세히 들여다보면 실질적으로 어떤 분야에 대해 자세히 알고 있는 사람은 그다지 많지 않다는 결론을 내리게 된다. 특히 중독이 그러하다.

우리사회는 수 만 가지 중독 속에 빠져 있다. 우리나라뿐만 아니라 전 세계 73억 인구 중에 중독에 빠져 있지 않은 사람은 단 한 사람도 없을 것이다 라는 개인적인 주장이다.

사람은 태어나면서부터 중독의 길에 노출이 되게 되어 있다. 자신의 의지이든 비의지든 인류는 중독과 중독이 아닌 두 길목에서 항상 선택을 하게 된다. 올바른 선택을 했을 때는 안전한 길로 갈 수 있지만 반대의 길을 선택하게 되었을 때 중독의 길로 들어서게 되는 것이다. 이에 본 저자는 중독의 길이 아닌 안전한 길로 선택

할 수 있는 방법에 대해 본 책에서 이야기 하고자 한다.

중독학계에서는 [중독은 뇌의 질병이다] 라고 말한다.

그렇다면 모든 중독의 매커니즘은 뇌에서부터 비롯되는 뇌질환으로 여겨도 되는 것이라 할 수 있다.

뇌에 대해 바로 알지 못하면 결국 몰라서 중독에 이르게 된다는 것이다. 결국 몰라서 당하는 것처럼 억울한 것이 없다는 말을 73억 인구가 쓰게 될 수 도 있는 말이 되는 것이다.

본 책에서는 중독은 인류에게 결코 이롭지 않다는 결론에서 인간을 이롭지 않게 하는 중독에 대해 정확히 알고 중독되어져 가는 과정들과 더불어 중독되기 전 예방만이 최선책이라는 본 저자의 관점에서 그동안 수 많은 예방교육과 상담을 진행해 오면서 경험한 사례와 교육의 효과들에 대해 이야기하고 또한 마지막 결론에서 그렇다면 어떻게 하면 중독으로부터 온 인류가 안전해 질 수 있는가? 그 방법에 대해 집필하고자 한다.

이 책을 살펴보고 있는 독자에게 이 책이 꼭 요긴하게 쓰여지길 진심으로 기대해 본다.....

본 책을 집필한 당시 치산 조성일 화백님과의 인연으로 화백님의 "생각으로 뇌를 그리다" 전시회 당시 작품을 수록할 수 있게 되었고 회백님의 "생각으로 뇌를 그리다" 뇌 작품을 통해 중독의 뇌를 설명할 수 있어서 다시 한 번 글로써 감사의 인사를 드린다.

차 례

차 례

우리가 살아가고 있는 시대는 어떤 시대인가

21세기 사회에 대한 이해

21세기를 맞이하여 과학 문명의 발달로 인류는 엄청난 문명의 발달을 이루어 왔다. 이에 강점과 이점이 분명 있게 마련이다. 인류는 최첨단 디지털 문명을 개발하여 전 세계가 하나가 되는 지구촌을 형성하는데 기틀를 마련하게 되었다. 그런데 이에 반해 그로 인한 폐해가 서서히 본 모습을 드러내고 있다. 21세기를 행복의 세기라고 한다. 그러나 새천년을 맞이하고도 세상은 점점 더 불확실해 지고 있으며 불안하고 우울감은 더해가고 있다. 21세기에 들어서며 묻지마!! 범죄가 쇄도하고 있고, 가정에서도 부모들의 자녀교육에 대한 관심도가 높아지면 질수록 거기에 따른 교육이 제

<생각>은 가볍게 시작을 잘한다. 이와 같이 <몸>도 시작해라.

대로 이루어져야 하는데 교육이 적절하게 이루어지지 못하고 있고, 정보의 홍수 속에 살고 있지만 자녀들의 일탈에 대한 대처가 적절하게 이루어지지 못하고 있는 것이 현실이다. 우리사회가 중독으로부터 안전지대는 있는가? 다시 한번 생각을 해 봐야 할 것이다.

현대 사회는 수많은 중독들로 인해 심각한 사회적 문제뿐만 아니라 개인과 가정까지도 파괴되고 있는 실정이다. 그렇다면 우리는 중독에 대해 얼마나 알고 있는가? 중독에 대해 알아야 할 것이다.

정보의 홍수 속에 살고 있는 현대인들에게 몰라서 당하는 일들이 과연 얼마나 될까? 잠시 생각해 보기도 했지만 실질적으로 우리사회는 디지털 문명에 빠져 본인이 알고 있는 모든 것들이 진정 자신이 알고 있다? 는 착각 속에 빠져 있는 듯 하다. 전 세계 73억 인구 중에 중독에 빠져 있지 않은 사람은 단 한사람도 없다 라는 개인적인 주장 서두에서 밝힌 바 있다. 학생들 강의를 하면서 항상 질문을 해 보는데 "자신이 어떠한 중독에도 빠져 있지 않는 분" 하고 찾아보면 스스로가 빠져 있지 않음을 자신하는 사람은 그동안 강의 하면서 본 저자는 한명도 만나보질 못했기 때문이다.

자신의 모습을 사진으로 찍어서 보면 한 달 전이 다르고,
1년 전이 확 다르다. 하루하루 눈에 띄게 달라진다.

청소년은 우리의 희망이요, 미래이다. 청소년중독 문제에 있어서, 청소년들 자신도 모르게 중독되어져 가는 과정이나 중독으로부터 자유로워지려는 과정에서 가족의 중요성은 아무리 강조하여도 지나치지 않는다.

구원자의 눈/15호/아크릴

<자기 스스로 하는 일>은 '자기'만 절대로 행하면 다 승리할 수 있다. 하지만 <상대>와 얽히면 '자기'만 잘해도 해결되지 않는다. 고로 <자기 마음 문>을 '상대'에게 마구 열어 주지 말아라

몰라서 당하는 것처럼 억울한 것은 없다

우리는 삶을 살면서 억울한 상황들을 많이 경험 하고 있을 것이다.

"남들은 다 알고 있는데 나만 모를 때"
"누군가 나를 믿어주지 못할 때"
"가족들이 내가 하고자 하는 것을 이유없이 못하게 할 때"
"나는 최선을 다했는데 상대방 반응이 없을때"
"나를 잘 알고 있을 거라 생각한 사람이 나를 모른다고 느낄 때"
"정확한 정보라고 해서 투자를 했는데 투자가 잘못되었을 때"
등 참으로 많은 상황들이 우리를 괴롭히고 있다.

<자기 생각, 자기 몸을 자기가 다스리면서 못 쓰는 자>는 '죽은 자'와 같다.

저자의 멘토께서 저자에게도 물어보신적이 있었다.

최박사는 어떨 때? 억울하냐고!!!

난 그때 당시 중독 전문가로서 수천건의 강의 와 상담을 해 오고 있었는데 고민 끝에 전문가의 말을 제대로 들으려 하지 않을 때입니다. 라고 말씀드렸었던 기억이 있다.

그때 저자의 멘토께서 하신 말씀이 사람이 억울한 상황들이 많은데 그중에 억울한 것 중 하나가 바로

"몰라서 당하는 것" 처럼 억울한 것이 없다!!하신 말씀이 지금도 생생하게 뇌리에 스쳐 지나간다.

이에 저자는 지금 이 순간에도 중독전문가로서 독자들에게 이야기 하고 싶다.

수 많은 중독된 내담자들을 만나면서

왜? 이렇게 되셨어요?

라고 물어보면

수 많은 내담자들은 하나같이 이런말을 나에게 했다.

"몰라요", "나도 모르는 사이에" 이렇게 됬어요. 라고 말이다

더 이상 중독이 어떠한 질환이지 몰라서 당하는 일이 없도록 중독에 대해 알고 미리미리 예방할 수 있어야 함을 이야기 하고 싶다.

<가지고 있는 것을 못 쓰는 자>는 '죽은 자'와 같다.

사람은 만들기에 달려 있다

"사람은 만들기에 달려있다" 저자의 멘토께서 가장 많이 저자에게 해 주신 말씀이다. 사람은 만들기에 달려있다. 자신을 어떻게 만드느냐? 에 따라 자신의 미래, 행복, 성공이 좌우 된다는 것이다. 우리는 그래서 자신을 멋지게 만들기 위해 어떠한 노력을 하고 있는가? 이 책을 읽고 있는 모든 분들은 공통된 과정을 거쳐 "자기 만들기"에 노력중이기도 하고 자신만의 독특한 방법으로 새롭게 "자기 만들기"를 열심히 하고 있는 과정에 놓여 있을 것이다. 본 저자도 열심히 지금도 노력중에 있다.

첫째 '자기와의 싸움'이고, 둘째 '상대와의 싸움'이다. 자기 스스로 '자기와의 싸움'에서 이기는 자는 '상대'에게도 조건을 주지 않으니 '상대와의 싸움'도 안 하고 이기는 자다.

그렇다면 내 자녀를 어떻게 만들것인가

자신을 어떻게 만들것인가?

이왕이면 자신의 인생이 폼나는 인생, 자녀의 인생이 멋지고, 웅장하고, 신비하길 소망하고 기도할 것이다.

그런데 중요한 것은 어떻게 만들지를 모른다면 억울하게 시간만 축나는 꼴이 되는 것이다.

한번 흘러가면 영원히 돌아오지 않는 소중한 시간들!!!

그래서 사람은 알아야 한다!!!

<사람의 몸>은 존재하기 위해 작동한다.
고로 '마음과 생각'이 그렇지 않아도 생리적으로
움직여져서 그 자극과 영향을 받게 된다.
그러므로 '마음과 생각'을 다스려야 된다.

나의 멘토께서는 사람은 삶에 있어서 아낌없이 투자하라고 하셨다.

자신이 모르는 분야는 전문가에게 가서 배우고, 알고, 체험하고, 그러함으로 자신의 인생을, 멋지고, 신비하고, 웅장하게 만들라고 하셨다.

저자 또한 지금도 나 자신을 만들기 노력중이다.
“사람이 살아 있는 한 인생 일생 자기 하나 만드는 것이다”라는 멘토의 말씀을 기억하면서 말이다.

그런데 우리는 부모부터 배우는 것과는 또 다른 성장 과정에서 자신이 누구로부터 어떤 것을 배우고, 느끼고, 체험하느냐에 따라 인생 일생을 만드는데 중요한 역할을 한다것!! 알고 있을 것이다.

결국 부모와 성장과정에서 만나는 멘토의 중요성을 저자는 강조하고 싶다.

사람은 사회적 동물이라는 말을 많이 들었을 것이다. 더불어 함께 만들어 가는 현대 사회에서 우리는 더 이상 중독이라는 무서운 질병?에 몰라서 당하는 일은 없어야 할 것이다.

매시간 마음, 생각 다스리기다

인생 일생 자기 하나 만들기다

우리는 어린시절 부모로부터 "자기 만들기" 기본 교육을 배운다. 그러하기에 어린시절의 부모로부터 받는 기본 교육은 너무나도 중요하다. 기본이 너무도 중요하다는 것을 모르는 독자는 없을 것이다. 저자 또한 기본의 중요성에 대해 다시 한번 강조하고자 한다. 어린시절 기본교육이 튼튼한 사람과 그렇지 못한 사람과의 차이는 어마어마한 차이일 것이다. 그러하기에 21세기에 들어서 더욱 자녀교육에 관심을 갖는 부모들이 많아진 것이 현실이다. 자신이 만들어지는 과정에서 어떻게 부모가 도와줄 수 있느냐? 없느냐?에 따라 현대 사회를 살아가는 우리 아이들의 미래가 좌우 되

자동차도 처음에 만족해도 쓰다 보면 점점 고장이
나면서 헌 차가 된다. 인생도 그러하다.
- 고로 고쳐야 된다. 만들어야 된다.

기 때문인 것이다. 그래서 저자는 부모교육의 중요성에 대해 책을 마무리 하면서 이야기 하고자 한다.

그렇다면 "인생 일생 자기를 어떻게 만들것인가?"

조건/15호/먹+아크릴

생각에 따라 몸도 행하게 된다.
그리함으로 육의 삶이 좌우된다.
생각이 변하면 몸도 변한다. 네 생각을 지켜라

행복과 성공의 열쇠는 "뇌"에 있다

인간이라면 누구나 행복을 추구할 것이다. 불행을 꿈꾸는 사람은 없기 때문이다.

우리는 행복과 성공을 향해서 날마다 전진을 하고 있다. 오늘도 행복하기 위해서 노력하는 자신을 보고 있을 것이다.

그런데 나는 지금 행복한가? yes/no

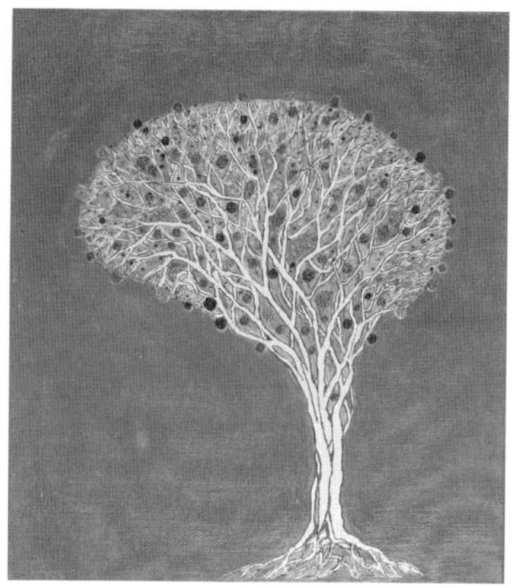

뇌 나무/10호/아크릴

<생각>도 <몸>도 '갈 길'을 벗어나서 '한 발자국'도 더 가지 말아라. 곁길로 가면, 갔다가 다시 안 돌아온다.

나의 뇌가 건강하다면 나는 행복하다 yes

나의 뇌가 건강하지 않다면 나는 행복하다 yes를 하지 못하고 망설이고 있거나 no라고 했을 것이다.

생명의 키/10호/아크릴

행복과 성공의 갈망을 해소 시켜 줄 수 있는 비법!!!그것은 바로 뇌에 정답이 있다.

<생각>도 <몸>도 한계선을 넘어가면, 못 다스리게 된다.
마치 톱니바퀴가 넘어가듯 그것으로 끝나게 된다.

뇌의 "생각" 이 어떻게 기울어 지느냐에 따라 불행함도, 행복함도 느끼기 때문이다.

뇌를 통해 우리는 성공도 행복도 찾을 수 있다.

뇌 과일 3/15호/먹+아크릴

뇌를 제대로 만들어야 멋진 인생 결실을 할 수 있게 되는 것이다. 그런데 사람에게 있어서 가장 핵적인 "뇌"가 정상적으로 활성화가 되지 못하게 되면 원하지 않는 길로 자신도 모르게 빠져 들게 되는 것이다. 그것이 바로 "중독의 늪"이 되는 것이다.

<할 일>만 하고 <갈 길>만 가라. 그 이상은 '마음과 생각, 행동 금지'다. 거기서 더 하고 더 가면, 그쪽으로 흘러가게 된다.

그렇다면 왜 뇌 만들기을 포기하면 안되는 것일까

뇌를 건강하게 만들어야
지금 보다 더 낳은 결정을 할 수 있게 되고
지금 보다 더 현명해 질 수 있게 되고
지금 보다 더 유능해 질 수 있게 되고
지금 보다 더 부유해 질 수 있게 되고
지금 보더 더 행복해 질 수 있게 될 것이기 때문이다.

<마음과 생각>은 살아 있는 한 '정지'가 안 된다.
계속 운행된다. 고로 <마음과 생각>을 항상
다스리고 잡아야 된다. '생각'으로 잡고
'생각의 열쇠'로 잠가 놔야 된다.

뇌를 어떻게 만들 것인가

무엇을 먹는가?

무엇을 보는가?

어떠한 느낌을 체험하는가?

우리의 오감을 통해 우리의 뇌는 만들어지는 과정을 거친다.

이 말은 앞으로 너무나도 자주 쓰이게 될 말이다. 저자의 멘토께서는 중요한 말은 9번 이상 강조해도 부족하다 하셨다.

조화/10호/아크릴

아무리 멋진 차를 선물로 받았다 할지라도 운전하는 방법을 모르고 운전을 하는 것은 100% 사고를 부른다.
먼저는 배워야 한다.

다양한 색을 가지고 있는 뇌를 어떻게 멋지고, 신비하고, 웅장하게 만들것인가

부활/12호/아크릴

인간생활에 있어 나쁜 습관과 버릇은 좀처럼 고쳐지지 않는 고질병 중 가장 몹쓸 병이다. 이와 같은 종류의 병은 병에 때에 따라 쇼크(shock)가 양약이 될 수 있다. 그러므로 그 한도에 따라서 이치에 맞게 되면, 여하한 쇼크를 받거나 줄 때 이와 같은 종류의 병들은 곧 고쳐 질 수 있다.

먼저는 먹는것에 대한 이야기를 해 보고자 한다

뇌에 좋은 제대로 된 음식만 먹어라!!!

1. 질 좋은 칼로리를 섭취하되 너무 많이 먹지 않는다.

과식이 좋지 않다는 사실은 너무도 잘 알고 있을 것이다.

소식 자주 하는 것이 뇌 건강에 좋다.

뉴런/10호/아크릴

하등 동물도 그릇 길든 것을 고치려면 애를 먹는대 만물의 영장인 인간의 잘못된 습성을 고치려면 얼마나 애를 먹겠느냐, 더 굳어지기 전에 빨리 고쳐라.

과식은 뇌에 구멍을 내는 것과 같아서 뇌 건강에는 치명적이다.

2. 물을 충분히 마시고 칼로리 높은 음료는 피한다.

우리의 뇌는 80%가 물이다. 지나친 카페인 섭취나 과음 등으로 뇌가 탈수 되면 사고력과 판단력이 저하된다.

매일 정수된 물을 충분히 마시자.

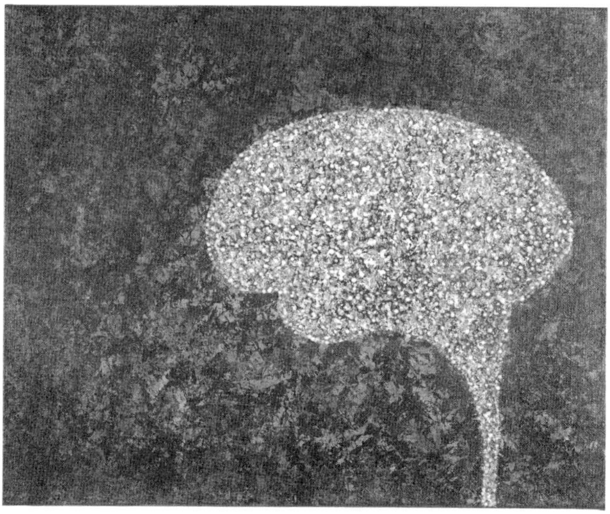

고뇌/8호/아크릴

사람은 눈으로 보고 귀로 들으면, 뇌에 시동이 걸려서 보고 들은 것이 작동되면서 마치 시동을 걸어 놓은 차가 움직이듯이 육이 생각하는 대로 행하며 움직인다

3. 질이 좋은, 지방 없는 단백질을 섭취한다.

단백질은 혈당 균형을 유지하는 데 도움이 되고, 뇌 건강에 꼭 필요한 영양소다.

단백질에는 특히 중독의 문제에서 빠질 수 없는 도파민 호르몬을 만들어 주어 기분과 활력 균형에 필수적인 물질의 전구체다.

잠재의식/10호/아크릴

믿음으로 자기 것 만들고 행함으로 자기 것을 만들어라,
믿음은 마음을 움직이고 행함은 육신을 움직인다.

4. 똑똑한 탄수화물을 섭취한다.

혈당지수가 낮고 섬유질이 많은 탄수화물, 즉 통곡물, 채소, 블루베리나 사고 같은 과일을 먹어야 한다.

탄수화물을 우리는 적으로 많이들 알고 있는데 우리의 적이 아니다.

우리 삶에 반드시 필요한 영양소다.

단순한 당분이나 정제 탄수화물처럼 영양적으로 가치가 없는 탄수화물이 나쁘다.

섬유질이 많은 탄수화물을 선택하라.

섬유질이 많은 식품은 장수를 위한 최고의 무기 중 하나이다.

물이 낮으면서도 깊고 구부러진 지역을 따라 흘러 내려가듯이 인간은 각종 마음먹는 사고의 상황에 따라 기울어지게 되어 삶의 흐름이 좌우 되는 법이다.

5. 건강한 지방, 특히 오메가 3 지방산이 함유된 식품을 먹는다.

건강한 지방은 좋은 식단을 구성하는 중요한 요소이다.

고체 상태의 뇌 무게 중 60%가 지방이기 때문이다. 뇌에 있는 1000억 개의 신경세포들이 제대로 작용하려면 필수지방산이 필요하다.

건강한 지방 위주로 식단을 구성하라.

특히 오메가 3지방산이 함유된, 연어,참치,고등어,아보카도, 호두, 녹색 채소를 많이 먹도록 하자.

오메가 3 지방산을 우리가 더 날씬해지고, 똑똑해지고, 행복해지는데 도움을 준다.

오메가3 지방산이 부족하면 우울증, 불안, 비만,ADD자살, 알츠하이머병과 치매에 걸릴 위험이 높아진다.

또한 오메가 3 지방산이 부족하면 **약물중독**에 쉽게 노출된다는 과학적 증거도 있다.

오늘의 승리는 내일의 승리를 가져 온다.

문/15호/아크릴

왜 우리는 중독에 빠지는 것일까? 생각해 볼 때 우리가 먹고 있는 음식을 한번 점검해 볼 필요가 여기에 있는 것이다.

참으로 다양한 중독으로의 원인이 있지만

가장 첫 번째 원인이 음식에서 시작하기 때문에 치료 또한 먹거리부터 처방이 된다.

저자가 만나고 있는 내담자들의 식단을 내담자가 청소년일 경우 파악해 보면 중독으로 진행 될 수 밖에 없는 식단일 경우가 너무도 많았다. 가장 중요한 음식에서부터 중독을 예방하고 치료하기 위한 노력이 필요한 것이다.

생각, 사고, 뇌의 결정을 잘못하고 잘못 조종해 놓으면,
잘못된 그대로만 생각하고 생하며 기다린다

6. 항산화제를 많이 얻기 위해 다양한 색깔의 자연 식품을 섭취한다.

무지개색깔로 골로루 먹어야 한다는 것이다.

다양한 색깔의 과일 및 채소와 더불어 생선, 콩류,견과류를 먹는 것은 일명 지중해식 식단에 해당한다. 연구 결과 지중해식 식단을 유지하면 더똑똑해지고, 행복해질 수 있는 것으로 나타났다. 스페인 연구자들은 이러한 식사 방석을 오래 유지하면 우울증 예방하는 데 도움이 된다는 연구 결과을 연이어 발표했다.

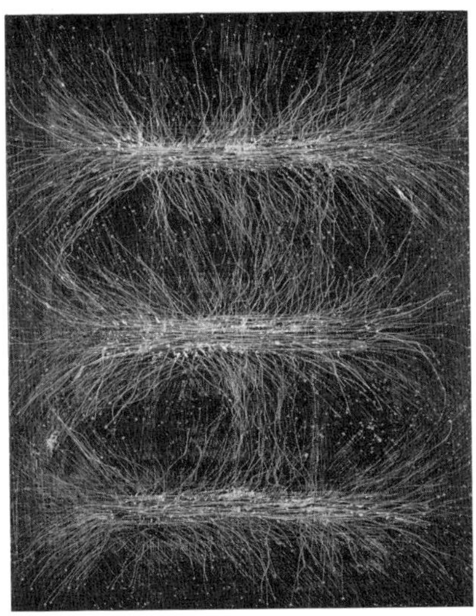

반응/15호/아크릴

> 인간의 뇌는 잘 사용하면 좋지만, 잘못 사용하면 고통이다.

7. 뇌가 건강해지는 허브와 양념을 사용해 음식을 조리한다.

허브와 양념을 창의적으로 사용하면 먹는 즐거움은 물론 맛있는 음식을 훨씬 쉽게 만들 수 있을 뿐만 아니라 칼로리를 줄이기도 쉽다.

양념을 잘쓰면 소금을 적게 넣어도 음식의 풍미가 좋아지며, 노화를 방지하고 건강을 개선하는 효과가 매우 뛰어나다.

여행/50호/아크릴

자동차가 자동으로 움직이도록조작해 놓고 엔진에 시동을걸면, 10년이고, 100년이고 자동으로 걸어 놓은 그 코스대로만 돈다. 인간의 뇌도 그러하다. 어떤 것이 편해지고 그것이 좋아져서 체질까지 되어 버리면, 그것을 벗어나기 싫다고 한다. 이것은 마치 초가집을 짓고 사는 자가 별장을 짓고 사는 자에게 이집은 우리 조상 때부터 살던 집이라서 더 편하고 더 좋다 하고 주장하는 격이다.

뇌 건강을 위해 운동을 하라

뇌 건강은 어릴 때부터 관리를 해야 한다.

운동이 몸에 좋다는 것은 우리의 상식이다.

그런데 그 상식을 실천하는 사람은 그리 많지 않은 것이 현실이다.

운동이 좋은 이유는 몸 뿐만 아니라 뇌를 건강하게 만들기 때문이다.

한 연구에 따르면, 장소와 관련해 제일 먼저 손꼽히는 요소는 지방 없는 순수 근육량이라고 한다.

운동은 많이 보다 꾸준히다

사건을 알기까지 사건을 원점에서 찾고 조사하여라.
또 되어진 결과를 통하여 알 수 있는 것이다.

최근 저자가 우울증이 심한 내담자를 상담하고 있다

내담자의 음식변화와 더불어 가장 기본적으로 처방해 주는 것이 바로 운동이다.

우울증이 오는 이유는 결국 자신의 스트레스 관리가 제대로 되지 않고 있는 원인이다.

오늘의 승리는 내일의 승리를 가져온다. 목표 달성에는
몇가지 법칙이 있다. 첫째는 무리를 이루어서
많은 사람과의 수수관계에서 무리로 일어나는 힘에 의해
한계를 넘어 목표에 도달하게 되는 것이 있고,
둘째는, 바라봄의 법칙이다. 목표를 항상 바라보아야
오를 수 있다. 셋째는, 늘 생각하는 법칙이다.
늘 뇌에서나 마음에 잊지 않고 생각하여야 한다.
그러면 오를 수가 있는 것이다.

그런데 지속적인 운동을 하게 되면

1. 스트레스를 효과적으로 관리 할 수 있다.

2. 더 건강한 음식을 먹게 된다.-2008년 한 연구는 신체적으로 활동적인 사람은 몸에 좋은 음식을 고르고, 사람들의 지지를 받기 위해 노력하며, 스트레스를 효과적으로 관리하는 경향이 많다는 것을 발견했다.

3. 운동을 하면 숙면을 취할 수 있다.

4. 운동을 하게 되면 혈액순환이 좋아진다.

5. 운동을 하면 새로운 뇌 세포가 많이 생긴다.

6. 운동을 하면 나이와 상관없이 뇌력이 강화된다.

7. 운동을 하면 기억력 장애와 치매를 예방할 수 있다.

8. 운동을 하면 뇌 부상을 예방할 수 있다.

9. 운동을 하면 행복해진다.

- 운동은 모르핀의 작용과 마찬가지로 뇌의 특수한 경로를 활성화 할 수 있다. 그리고 자연스럽게 기분이 좋아지는 신경전달물질인 엔도르핀의 분비를 증가시긴다.

운동은 세상에 혹시 있을지도 모르는 "행복알약"과 흡사하다.

9. 운동을 하면 우울증이 사라진다.

10. 운동을 하면 불안감이 사라진다.

11. 운동을 하면 섹시해 진다.

흠이 없으려면 - 첫째, 타고나야 되고
둘째, 고치고 만들어야 된다.

그래서 저자는 독자들을 위해 그동안 저자가 5000여건 이상의 강의와 상담을 통해 얻는 결과를 책에 기록하기로 하였다

먼저 뇌는 한번 본 것을

들은 것을

느낀 것을

체험한 것을

잊지 않는다!!!

나의 의식의 뇌는 망각했을지 몰라서

무의식의 뇌는 자신이 하는 모든 것들을 기억하고 있다

어떤 경험을 뇌에 주느냐!!!

어떤 말을 뇌와 함께 하느냐!!!

어떤 것을 뇌와 함께 느끼느냐!!!

가 너무도 중요하다

<배우는 것>이란, '여러 번 해 보는 것'이다.

중독이란 무엇인가

"중독이란 그 현상의 발생과 증상에 있어 유전적, 정신적, 사회적, 환경적 영향을 받는 일차적이고, 진행하며, 치명적 위험을 유발하는 만성질환이며, 재발이 많은 뇌의 질환이다"

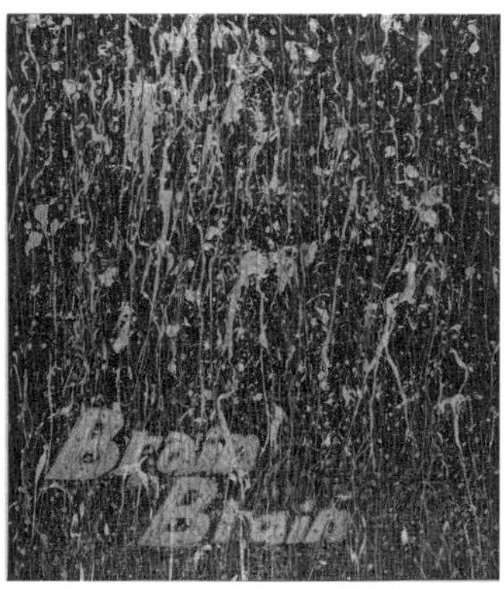

느림의 미학/10호/아크릴

<핵>이 무엇인지 쉽게 설명하자면, <볼펜의 핵>은 '잘 써지는 것'이다. <잘 써지는 것>이 '핵'이며 '생명'이다. 그다음에 보는 것이 '모양과 형상'이다.

시작과 동시에 중독이라구요

중독되어져 가는 단계가 있다.

나는 어느정도로 빠져 들고 있는가?

자신이 자신을 파악하고 있지 않으면 절대 중독은 예방될 수도 치료할 수도 없다.

첫번째 내성이다

– 물질 중독의 경우 뇌의 보상회로(중뇌변연계 회로로 복측피개혁과 측좌핵을 잇는 회로)에 **도파민을 증가시켜 쾌감**을 만들어 내지만 내성이 생겨 같은 효과를 보기위해서는 점차 그 양을 늘려야 하며인터넷과 스마트폰의 경우 10분만 더라는 말이 나오기 시

> 볼펜의 모양과 형상은 멋진데 잘 안 써진다면,
> 모양만 가지고 좋아할 것이다.

작하면 내성 단계에 들어가고 있다고 생각하면 된다.

두 번째 금단증상이다

– 물질 중독의 경우 그 물질을 먹고, 마시지 못하면 신체적, 정신적 금단증상이 나타나는 것을 의미한다. 예를 들어 알코올 중독자의 경우 술을 마시지 않으면 손떨림 같은 수전증이 생긴다거나, 흡연하는 사람이 흡연을 하지 못함으로 인해 온 몸이 아파 오는 느낌, 머리가 아프거나, 졸리거나, 짜증이 나는 등 다양한 증상들이 나타나게 되는데 이것을 금단증상이라고 한다.

– 행위 중독도 마찬가지로 인터넷/스마트폰을 하지 못하게 되면 극도로 불안한 모습을 나타내기도 하고 과도한 분노를 폭발하기도 하며 다양한 모습들로 금단증상들이 나타나게 된다.

세 번째는 일상생활에 장애가 오는 단계이다

– 금단증상이 심해져서 직장생활을 하는 사람이 회사일을 제대로 못한다거나, 학교에 가야 하는 학생이 학교에 가지 못하게 되거나, 학교에 갔다 할지라도 공부에 방해를 받게 되는 경우, 등 일상생활에 장애가 오게 되면 대부분 심한 중독에 빠져 있다고 생각하면 된다.

사람도 '모양과 형상'만 멋지고 '쓸 때'는 별로라면,
모양만 기쁨이 된다.

중독은 서서히 우리의 뇌를 갉아먹고 있다 반드시 그것을 알아야 한다

중독은 개인이 가지고 있는 생물학적, 유전적 취약성에 의하여 발병하지만, 이 외에도 개인이 가지고 있는 심리적, 정신적 기능에 따라 발병과 경과여부가 달라질 수 있으며, 또한 개인이 처한 사회문화적 환경에 의해서도 영향을 받을 수 있다. 예를 들어, 한국인의 경우 유전학적으로 알코올중독에 보호요인을 가지고 있으나, 문화적 환경적 위험요인으로 인하여 높은 음주율과 알코올 사용 장애 유병률을 나타내는 것이 그 예이다.

중독물질의 남용은 때로 생명을 위협하거나 인간의 기능을 심각하게 저하시키는 치명적 합병증을 유발할 수 있다. 중독물질의 급

> 만물도 인생도 먼저 <핵>을 갖추고 그다음에
> <모양과 형상>을 갖추면, '만물 작품, 인생 작품'이다.

성중독에 의한 사망이외에도 뇌기능 손상에 따른 치매 등의 인지장애, 간경화 등의 장기손상 등이 그 예이다. 대부분 중독질환은 그 경과 동안 잦은 재발을 보이는데, 재발의 심각도와 빈도에 따라 재발이 반드시 심각한 장기손상과 만성화 경향을 보이지 않는 경우도 있어 단순한 직선형만성질환모델과는 차별적인 형태를 나타낸다. 또한 만성화되었다 할지라도 경우에 따라서 해독치료 등 급성기 치료를 요하는 경우도 있다. 알코올, 니코틴, 코카인, 아편 등 각기 다른 중독물질은 일차적으로 뇌에 작용하여 중독을 유발한다.

중독의 치료는 의지만으로 해결되지는 않는다. 자기 의지만으로 중독을 빠져 나올 수 있는 확률을 3%미만으로 전문가들은 보고 있다. 마약류로 분류되는 약물들은 모두 이 보상회로에 집중적으로 작용하여 도파민을 높이는 특성을 가진 물질들이다.

소통/12호/아크릴

> 한 번에 잘하려면 못 한다. 고로 배워야 된다.
> <여러 번 해 보는 것>이 '배우는 것'이다.

모든 중독은 똑 같다

그런데 의식의 뇌 가운데 가장 중요하다고 할 수 있는 전두엽의 뇌에 중독이 함께 하게 되면 문제는 달라진다.

중독은 크게 물질중독과 행위중독으로 나누어 볼 수 있다. 그런데 이 중독의 매커니즘이 동일하다는 연구결과들이 속 속 보고 되고 있다. 물질중독 중 과거부터 현재에 이르기까지 가장 많이 연구결과가 나와 있는 **알콜과 담배**, 그리고 마약 중독과 현대 사회에서 가장 이슈가 되어지고 있는 행위중독의 미디어중독이 같은 매커니즘으로 동일한 결과를 보이는 것으로 연구되어 지고 있다.

"자기 사고"가 "사고" 낸다. 자기 마음대로 행하면
결국 자기 행위대로 자기가 다 받고, 자기가 다 책임져야 된다.

중독물질들은 뇌에 일차적으로 작용하는 부위와 기전이 다르다 할지라도 모든 물질이 중독을 일으키는 마지막 단계는 도파민보상회로라고 하는 공통의 기전을 가진다. 심지어 인터넷, 게임, 도박 등 행위중독이라 할지라도 마찬가지로 도파민보상회로의 신경적응이 마지막 단계의 중요한 핵심병리로 작용하는바 모든 중독질환은 그 핵심적 병태생리로 **뇌기능의 이상을 포함하다는 면에서 뇌질환**이라 할 수 있다.

여기서 우리는 주목해야 할 부분이 있다.
바로 도파민 보상회로에 대해 알아야 한다.

사람이 세끼 식사를 해야 생명을 유지할 수 있는 것처럼
사람이 사람다운 삶을 살기 위해서는 뇌에서 도파민이
지속적으로 공급되어져야 하는 것이다.

그렇다면 도파민을 어떻게 지속적으로 우리의 뇌가 공급받을 수 있을 것인가?

"보상회로에 답이 있다."

도파민은 보상이 기대 될 때 와 보상 받을 때 생성된다. 그래서

<자기가 행하면서 배우는 것>은 고생되고
힘들어도 '실습하면서 배우는 것'이다.

우리는 삶을 살면서 다양한 보상들을 기대하고 보상을 받으며 인간다운 삶을 영위해 나가는 것이다.

그런데 우리의 뇌가 보상을 받지 못함으로 **어떠한 도파민**도 만들어 내지 못한 삶을 살아가고 있다면 우리의 뇌는 자존감이 떨어지고, 삶의 의미를 찾지 못하게 되므로 우울증이 오고 삶을 포기하게 되기까지도 하게 된다.

나 같은 것이 살아서 뭐해!
난 살아야 할 가치가 없는 놈이야!
내가 할 수 있는게 뭐 있겠어!
난 아무것도 할 수 없어!

그러하기에 우리의 뇌는 도파민을 찾게 되는데
아주 쉽게 도파민을 만들어주는 것이 바로 중독물질, 중독행위에서 나오게 되는 것이다.

도파민은 '지지'와 '격려' '자신감, 행동에 대한 보상' 등을 통해 만들어지는 수고와 애씀으로 만들어 져야 하는 도파민이 마약을 함으로, 담배를 피우므로, 술을 마시므로, 게임을 즐기면서, 카

<상대에게 배우기만 하는 것>은 실습 없이 편히
'이론으로 배우는 것'이다.

톡, 카스, 쇼핑, 도박, 음악을 통해 갖가지 다양한 중독으로 아주 쉽게 도파민이 나오게 되니 점점 깊숙이 중독의 늪에 빠져들게 되는 것이다.

중독을 한마디로 표현하면 "헤어 나올 수 없는 늪"과 같다 할 수 있다. 늪은, 한번 빠지면 쉽게 헤어나 올 수 없기에 "헤어 나올 수 없는 늪"과 같이 위험하다! 한것이다. 중독 또한 어느 누구든지 정확히 "늪"에 대한 정보가 있다면 "스스로", "호기심"으로, "친구가 권한다고 해서", "멋있어 보여서", "스트레스 때문에" 등 다양한 이유로 늪에 들어가겠는가?

역시 늪에 대한 정확한 정보가 없거나, 알고 있지만 어설프게 알고 있다보니 헤어나 올 수 없는 늪에 들어가고야 마는 것이라 이해 되면 된다.

이에 우리는 정확히 중독에 대해 알아야 한다.

더 이상 중독이라는 두 글자의 무서움에서 안일한 대처를 하면 안 될 것이다.

특히나 청소년들은 **몰라서** 늪에 들어가게 되는 경우가 허다하

배웠어도 자기가 행해 보지 않으면 '감'이 없다.
자기가 행하면서 배우기다.

다. 저자의 경우 수년간 중독예방교육을 진행해 오면서 오프라인에서 만나는 수많은 우리 청소년들이 결국은 몰라서. 그것도 정확히 몰라서.

중독에 빠져 들고 있음을 너무도 정확히 알기에 책을 지필하기로 마음을 먹은 것이다.

그래서 중독 예방교육이 너무나도 중요하다. 이미 중독의 길로 접어 들어선 다음에 치료하기란 너무나도 힘든 과정을 거쳐야 하기 때문이다. 또한 현재 우리나라에서 여러기관을 통해 진행하고 있는 연간 2시간의 교육으로는 예방에 한계점이 분명이 있음이 드러나고 있다.

본 저자의 멘토께서는 적어도 의학적으로 연간 7번이상의 꾸준한 교육이 중요함을 강조하셨다. 저자 또한 오랜기간 예방교육을 진행하면서 현장에서 절실히 느끼는 바이다.

그리고 부모교육의 중요성도 다시 한번 더 강조하고 싶다. 학교에서 뿐만 아니라 사회 그리고 가장 가까운 가정내에서 예방을 함께 하지 않으면 결코 중독의 예방은 어렵기 때문이다.

나이가 먹으면 <힘>이 약해지듯이, <생각>도 약해진다.

우리 신체에서 뇌가 하는 일이 무엇인가

인생을 살면서 우리는 수많은 선택의 두 길 앞에 놓여있는 삶을 살고 있다.

뇌는 그 수많은 선택의 길 앞에서 생각을 통해 판단을 하며 하나의 길을 선택하게 된다.

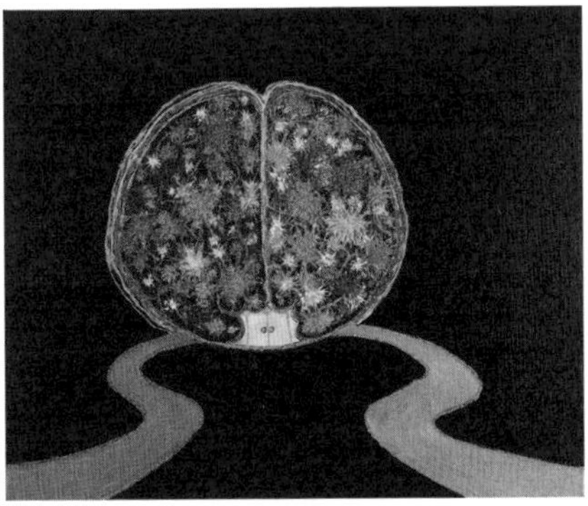

두길/10호/아크릴

사람이 '좋게' 변하면 정말 좋지만, '나쁘게' 변하면 너무 나쁘다.

인생 한번 뿐인 시간들을 뇌-생각을 통해 선택하는 것이다. 그러하기에 뇌는 너무나도 중요하다.

특히 뇌 전두엽이 하는 일이 무엇인가?
바로 생각, 판단, 기억, 절제, 등 사람이 사람답게 행동하고 판단할 수 있는 가장 중요한 뇌라고 해도 과언이 아니다. 그런데 그 전두엽을 중독이 파괴시키는 것이다.

그렇게 파괴된 "뇌"로는 우리의 삶의 선택을 올바르게 할 수가 없는 것이다. 그러한 삶의 악순환이 연속 되어질 때 결국 우리는 자신이 원하는 삶이 아닌 때로는 반대의 삶을 살고 있는 자신을 발견하게 되는 것이다.

생명의 길/10호/아크릴

때가 됐는데도 변화되지 않으면 자신에게 '희망'이 없고,
오히려 '실망'이 된다.

중독은 "뇌 질환"이다

"사람은 만들기에 달려있다" 저자의 멘토께서 늘 하시는 말씀중 하나이다. 본 책을 읽고 있는 독자께서도 분명 같은 생각일 것이다.

사람은 만들기에 달려있기에 자녀들을 어린 시절부터, 아니 태아에서부터 태교를 통해 그리고 자녀들의 성장과정에 맞추어 다양한 사교육과 공교육을 통해 멋진 자녀만들기 교육에 열중하고 있다.

그런데 "사람을 어떻게 만들까?" 이 고민은

결국 만드는 "핵심" 바로 "뇌"를 어떻게 만드느냐에 답이 있는 것이다. 왜냐하면 모든 삶의 과정에서 결정과 판단은 결국 뇌에서 하기 때문이다.

그런데 중독이라는 질병은 뇌를 파괴시킨다. 중독된 뇌를 한마디로 "굳은 뇌"라고 표현할 수 있다.

<좋게 변화되는 것을 보는 것>이 '희망'이다. '기쁨'이다.

굳은 뇌란 어떤 뇌일까

난, 왜 생각하는 대로 되지 않는가?

난 이렇게 행동하고 싶지 않은데 왜 이렇지?

그것은 바로

뇌가 굳어서 그렇다.

사람이 목이 굳어지면 좌우로 맘대로 움직여지지가 않는다!! 풀어야 된다.

이와 같이 마음은 그렇지 않은데 잘 안돼.

내 마음대로 안 되는 것이 있다면 그것은 자기가 생각하는 대로 마음먹은 대로 이미 행하고 살았던 대로 뇌가 굳어졌기 때문이다.

> 시대는 점점 변해 가는데 자신은 변화되지 않으면,
> '변화되어 오는 것'을 얻을 수가 없다.

이미 자기가 평소에 생각하는 대로 마음 먹은 대로 행하는 대로 굳어 버린 것이다. 생활 자체가 굳은 생활을 하고 있다는 것이다.

뇌가 굳는 것은 나이와 상관있는 것이 아니다.

어린이, 청소년, 성인들도 평소 생각하는 대로 마음 먹은 대로 행하는 대로 뇌가 굳어 버린다."

그래서 "굳은 뇌"를 만드느냐!!!아니면 말랑말랑거리는 "뇌"를 만드느냐가 가장 큰 문제인 것이다.

뇌를 알아야 한다. 뇌에 대해 모른다면 결코 중독에 대해 논할 수 없는 것이다.

뇌가 건강하지 않으면 결과적으로 건강한 사람이 만들어지지 않는 것이다.

결국 건강한 뇌를 가지고 있지 않음으로 판단능력이 떨어져서 더 많은 시행착오를 거쳐야 하는 것이다.

현대 사회가 건강한 사회라고 말할 수 있는가?

문명의 발달로 우리의 뇌는 지금 혹사 당하고 있다.

일상생활속에서 나의 굳은 뇌를 최대한 빨리 발견하고 그 굳은 뇌를 빨리 풀수 있다면 우리는 중독으로부터 자유로워질 수도 있다는 것이다.

<생각>이 '원하는 길'을 못 가면, <육>도 못 간다.

뇌는 언제 만들어지는 것일까

그렇다면 뇌는 언제 생겨나는가? 뇌는 태아가 난자와 정자의 결합 후 자궁에 착상하면서 2주 후반에서 3주 정도부터 우리 장기 중에서 가장 먼저 형성 되어진다.

뇌의 80%는 수분으로 구성되어 있으며, 그 수분중 고체상태의 결정체 60%가 지방으로 구성되어 있다.

뇌의 형성에 대해 초창기 강의를 할 때의 반응이다

"와!!이렇게나 빨리 뇌가 만들어 지는거군요!!!"
"놀라워요!!" 하시는 분들이 대부분이다.(부모교육때)

<생각>에서 잊으면, <몸>도 잊어버리고 끝나게 된다.

한 교육장에 200명의 성인이 함께 교육을 받고 있다고 가정하면 그 교육에서 뇌가 2주 후반부터 만들어지고 있다는 사실을 알고 있는 분은 거의 뵙기 힘들 정도였다.

그렇다면 여기서 우리는 심각하게 생각해 보아야 할 부분이 생긴다.

바로 부모의 중요성이다.

부모가 되려고 준비하는 모든 분, 이미 부모가 된 모든 분은 알아야 한다.

우리 아이들의 미래는 현재의 부모님이 어떻생각과 어떤생활을 어떻게 하고 있느냐에 따라 달라지기 때문이다.

예비부모교육이 중요하고 더불어 신혼부부의 부모교육이 중요하고, 가장 중요한 부분이 바로 출산 후 초등학교 자녀를 둔 부모님들의 교육이 너무나도 중요하다.

먼저는 부모가 중독으로부터 자신을 보호하고 있지 않으면 결국 고스란히 자녀에게 유전되어지는 과정에서 자유로울 부모가 없다는 것이다.

<생각>이 죽으면, <육신>이 살아 있어도 식물인간이다.

자녀는 부모의 거울이다

자녀는 부모의 거울이다
자녀는 부모 따라쟁이다

그렇다면 부모의 역할이 얼마나 중요한지를 가름 할 수 있을 것이다.

자녀에게 어떤 모습을 보여주고 있는지?
자녀에게 어떤 말을 하고 있는지?
자녀를 대할 때 나의 모습이 어떠한지?

나를 바로 볼 수 있을 때 자녀의 문제는 해결될 수 있다.

<알아야 할 것을 모르는 자>는 '그 면에서 죽은 자'다.

부모가 자신을 바로 볼 수 있는 눈이 없으면 자녀에게 어떠한 문제가 있다 하더라도 그 문제를 해결 할 수 있는 답이 멀리 있게 된다.

인간의 뇌는 눈으로 보는 대로 굳어지고, 귀로 듣는 대로 굳어지고, 몸에 자극을 주는 대로 굳어진다

자신이 어떤 것을 보고, 듣고, 느끼고, 체험하느냐에 따라 뇌는 굳어지는 것이다.

5000여 건의 많은 중독예방교육과 상담을 학생대상, 부모대상, 교사대상 등을 진행해 오면서 느끼는 것 중 하나가 중독에 대한 정보 부족과 더불어 문제해결 능력의 부재에 심각성을 느끼지 않을 수 없었다.

<모르는 자>는 '그 면에서 죽은 자'다.
살아날 때까지는 그 일을 못 한다.

그렇다면 중독이 뇌에 어떤 영향을 줄까

뇌는 사춘기를 거치면서 전두엽의 왕성한 가지치기를 하게 되는데 이때의 뇌 상태는 감정조절은 물론 이성적인 판단을 함에 있어서 어려움을 겪게 된다. 특히 청소년기의 뇌는 감정을 읽어내는데 있어서 상당한 어려움을 겪는 시기로 부모의 무표정이나 슬픈 표정 인식을 성인처럼 올바르게 분별하지 못한다는 연구 결과도 있다.

<생각이 죽은 자>는 '살아 있는 시체'다.
산 시체들이 걸어 다니며 인생을 살아간다.

자신을 위해 자녀를 위해 스마일 하라

사춘기 자녀를 둔 부모님이라면 자녀를 대할 때 스마일의 중요성을 인식하셔야 할 것이다.

이러한 사춘기 뇌에 중독이라는 문제가 함께 생겨나게 된다면 말 그대로 럭비공이 어디로 갈지 아무도 모르는 결과가 나오듯 더 강한 럭비공을 만드는 것이 되는 것이다.

뇌는 지체다. 몸도 운동하면 온몸이 풀려서 잘 되듯, 뇌도 한동안 집중하면서 움직여야 예리해져서 그 센터의 더 좋은 생각을 하게 된다. 그러다가 딴 것을 하면, 또 잊어버리고 서툴게 된다.

나는 어떤 중독에 빠져 있을까

중독의 매커니즘은 같은 선상에 있다고 말하였다. 약물중독과 현재 고민하고 있는 중독이 행위 중독이라고 하더라도 결국은 “굳은뇌”라는 동일한 문제로 힘들어지게 된다는 것이다.

여행/50호/아크릴

<모르는 자>는 ‘죽은 자’다.

우리의 뇌는 보이는 것 뿐만 아니라 보이지 않는 부분까지도 볼 수 있는 생각이라는 창을 가지고 있다. 최근 개봉한 영화 중 인사이드아웃을 아이들과 함께 관함할 수 있는 기회가 있었다. 뇌에 대해 잘 설명에 놓은 영화인 듯 보였다. 영화주 캐릭터 이름들이 떠올라 기록해 본다. 기쁨이, 버럭이, 슬픔이, 까칠이, 소심이. 자신의 "뇌"라는 창에 어떤 친구가 나라는 차의 운전대를 잡느냐에 다라 우리의 인생을 달라지는 것이다. 뇌가 얼마나 건강하게 잘 만들어지느냐?에 따라 그 생각이라는 창을 통해 더 많은 것을 볼 수도 있고 보지 못할 수도 있는 것이다. 그로인해 우리가 추구하는 미래의 행복? 성공? 모두가 뇌에 해답이 있는 것이다.

그렇다면 우리는 어떻게 하면 될 것인가?

우리는 중독으로부터 우리 자신을 보호할 수 있는 힘을 길러야 한다.

중독으로부터 우리 자녀들을 보호 해야 한다.

중독으로부터 자신을 보호 할 수 있어야 한다.

<행실이 죽은 자>는 얻지 못하고, 얻어도 '안개'나 '구름'을 얻고 '바람'을 얻는다. 고로 허무하다.

사람들은 왜 중독에 빠져드는 것인가

사람들이 중독에 빠져드는 이유는 정말 다양한 원인들이 있다. 물질중독과 행위중독의 시작점은 약간 다를 수 있지만 공통 분모는 뇌를 파괴한다는 데 있다.

중독이라는 용어의 첫 시작은 물질중독에서부터 시작되어진다. 이에 물질 중독 중 가장 의존성이 강한 담배와 알코올 중독의 원인과 폐해에 대해 기록해 보았다.

5000여 건의 중독예방강의와 상담를 진행해 오면서 담배와 알코올의 문제를 호소하는 사람들을 많이 접했다. 최근은 인터넷/스마트폰 중독으로 인한 문제가 심각해지고 잇는 것이 사실이다.
이에 담배의 문제와 알코올의 시작점이 어디일까? 들여다보면 첫 시작이 청소년기인 경우가 가장 많았다.

이에 청소년기 시절 우리는 왜 담배와 알코올에 빠져드는 것인가?

<생각>이 잘못되고 불의하면, 행해도 잘못된다.

청소년기에 약물을 접하게 되는 원인이 무엇일까

2015년 올 한해 담배값 인상으로 각 학교에 흡연예방교육비 예산이 내려와 전국에 있는 많은 학교에 강의를 하게 되었는데 전교생을 대상으로 교육을 할 당시 반별교육으로 질문을 해 보았다.

마음의창/8호/아크릴

<생각이 잘못된 자>는 소원을 이루지 못하고,
행여 소원이 이루어졌어도 별로다.

초등학교 1학년들에게 질문을 했다

"친구들 우리 중에 어떠한 이유에서건 술(알코올)을 마셔본 친구 손 들어보세요!!!

이때 손을 든 학생들이 한 개반에 25명이면
그 반에 30% 정도 손을 번쩍 들었다.

어! 이렇게 많은 친구들이 알코올을 마셔봤구나!!!

<생각>이 '밤'을 맞으면, 해가 뜰 때까지는 어둡다.
'의로운 해'가 떠오르도록 '해'를 맞아라. 생각해라!

2학년부터 6학년까지 질문을 했을 때 놀라운 결과

우리나라 초등학생들의 술(알코올)을 접한 학생들이 상당수라는 것을 말이다.

이미 6학년쯤 되면 그 **반에 80~90%**까지 손을 들었다.

이 책을 읽고 있는 독자에게 아이가 있다면 한번 질문을 보길 바란다.

우리 아이가 술(알코올)맛을 아는지….

중요한 것은 중독성이 강한 약물은 뇌가 한번 경험한 그 경험치를 영원히 지우지 않는 다는 사실이다.

> 새벽에는 뇌가 천재가 된다. 잠을 자고 나니 피곤하지 않고 총명하여 기억도 잘하고, 정리도 잘하고, 판단도 잘한다.

이왕이면 자기 만들기를 그렇게 잊지 않고 열심히 하면 좋으련만.... 하겠지만 중독의 무서움을 정확히 알아야 한다.

설혹 자신은 잊은 듯 할 수 있지만 결코 뇌는 잊지 않는다!!!

이 사실을 절대 잊지 말아야 한다.

이상세계/50호/아크릴

뇌도 한 지체다. 가만히 놔 두면 무기력해진다.
생각하면서 계속 일하게 해야 된다.

최근 인천의 모 초등학교 교사연수를 다녀왔다

그런데 연수 중 선생님께서 질문을 해 오셨다.

“제 자녀가 초등학교 5학년인데 그녀석이 술맛을 궁금해 하면서 술맛을 보고 싶다고 해서” 제가 마셔보라고 했습니다.”라고

그러시면서 다시 하신 말씀은
“제가 어렸을 때 저도 술 맛이 궁금해서 술 맛을 보았는데 그 때 그 맛이 너무 써서 다시는 술을 마시고 싶지 않았었던 경험이 있어 아이에게 술 맛을 보여주었다고”

이 사례가 긍정으로 끝이 날지 부정으로 끝이 날지???

<자기 생각>에 따라서 망하기도 하고 흥하기도 한다.

독자께서는 어떻게 생각하시나요?

많은 부모님들은 위 선생님과 같은 생각을 하고 계실지 모르겠지만 중독전문가로서의 의견을 묻는다면 아니요! 라는 이야기가 더 옳은 말 일 것이다.

약물을 사용하는 이유는 그것을 사용하는 개인만큼이나 다양하다. 약물을 사용하도록 만드는 성격구조나 생활경험 사회 환경적인 요인들을 파악하면 어떤 개인들이 더 약물에 쉽게 빠져드는지 예견할 수 있게 된다.

어른들의 잘못된 판단으로 아이들에게 술이나 담배의 맛을 보여주는 것은 우리가 아이들에게 중독의 "지름길"을 알려주고 있는 결과일 뿐이다.

아이들은 성장과정에서 다양한 호기심을 가지게 되어 있다. 특히 중독성적인 부분에서는 더욱 더 강한 호기심을 가질 수 밖에 없는 구조를 현 사회는 가지고 있다.

여기에 우리 부모들이 자녀들의 호기심 충족이라는 이름으로 자녀들을 중독의 길로 내몰고 있다고 생각은 하지 않는가?

<입>과 <생각>이 따로 놀면 안 된다.

개인의 삶에서 그러한 위기요인들이 많으면 많을수록 개인은 중독에 더욱 관여하게 될 것이다.

그 위기 요인이 부모로부터 시작되어져서는 결코 안 될 것이다. 사회로부터 시작되는 위기의 다양성도 이제는 막아야 할 때이다.

중독에 빠져드는 많은 사람들이 단순히 어떤 하나의 행동양태나 성격유형을 가지고 있다기 보다는 여러 요인들이 서로 상호작용하여 결국 중독에 이르게 된다고 보아야 할 것이기 때문이다.

청소년들 사이에서도 중독에 빠져 있는 아이들을 보면 그 성격과 정도에서 차이가 나기 때문에 어떤 학생들이 중독에 빠질 것인가?를 정형화 시켜서는 안 된다.

비록 중독된 소년들을 외모상 쉽게 가려낼 수 있을지라도 보기에 멀쩡한 청소년들도 얼마든지 중독에 빠져 들 수 있기 때문이다. 이 시대를 살아가는 누구나 동등하게 중독에 노출되어 있는 것이다.

청소년들의 중독원인에 대해 논의하기에 앞서 청소년기에서 성인기 사이로 넘어가는 과도기에 있는 청소년들에 대한 이해가 있

<뇌>는 작동하고 <생각>은 운전해야 된다.

어야 한다. 청소년기는 전두엽과 전전두엽의 왕성한 가지키기 시기로 불확실성과 혼란의 시기를 지나고 있어 아직 자신에 대한 정체성을 확립하지 못하고 있기 때문에 청소년기를 '정체성의 시기' 라고 불리기도 한다.

아동발달 전문가들이 말하는 청소년들이 자신의 정체성을 확립하기 위해 달성해야 하는 청소년기의 4가지 과업을 제시하는데 이는 4가지의 기본 욕구로 구성되어져 있다. 이러한 과업과 자아존중감에 대한 욕구를 이해하는 것은 청소년기에 대한 이해를 높일 수 있다.

첫째, 직업의 결정단계로 자신의 직업을 결정한다는 것은 청소년에게 삶을 선택하고 이를 위해 필요한 것들을 배우는 것을 의미한다.

그래서 현재 우리나라는 중학교 1학년 자유학기제를 통해 많은 경험을 하도록 유도하고 있다.

예를 들면, 자신의 진로 고민을 해소 할 수 있도록 다양한 진로 경험을 체험할 수 있도록 도움을 주는 것이야 말로 가장 배워야

생각의 접붙임이다.

할 것들 중 핵심일 것이다. 대학 진학 여부, 전공 선택, 군대문제 등의 과업은 미래에 어떠한 사람이 되고 싶다는 욕구에 기반하고 직접 경험을 통해 성취감을 경험하면서 달성된다. 또한 이들의 최종목표는 독립하는 것으로, 자신이 지향하고자 하는 상을 정립하고, 그 목표를 이루기 위한 직업이나 생활태도를 충분히 가져야 함을 의미한다.

둘째, 가치의 설정단계로 청소년들의 가치는 삶의 방향을 제시해 준다. 청소년기의 뇌가 그래서 너무도 중요하다. 이 시기의 뇌가 어떤 결정을 하느냐에 따라 청소년들의 미래가 달라지기 때문이다. 청소년들은 성장하면서 주변의 중요한 인물로부터 가치를 배우고, 의문을 가지고 도전하면서 스스로의 가치를 정립해 나간다. 이러한 도전을 할 수 있는 뇌로 만들어 주는 역할은 부모와 사회의 역할이 될 것이다. 도전을 할 수 있는 뇌 “도파민호르몬”이 왕성하게 나와야 가능하다. 이러한 과업은 자아존중감 욕구에 기반하고, 성실성을 발전시키는 것을 최종 목표로 한다. 이는 가치를 선별하고, 무엇을 버리고, 무엇을 취할지를 선택하며, 무엇을 믿고, 무엇을 믿지 않을지에 대해 알아야 한다는 것을 의미한다.

<생각>과 <행실>을 다르게 하는 자들이 있다.
이는 <생각>과 <몸>이 일체 되지 않았기 때문이다.

셋째, 성에대한 탐색단계로 자신의 성별 소속에 대해 탐구함으로써 공동체의식을 획득하게 된다. 그런데 최근 미디어의 발달로 인해 청소년들의 성에 대한 탐색이 인터넷이라는 매체를 통해 무분별하게 탐색이 되고 있어 오히려 잘못된 성정체성이 확립되어지고 있는 부작용이 발생하고 있는 것이 현실이다.

이는 소유하고자 하는 욕구에 기반하여 청소년들이 사랑을 하고 친구들을 받아들일 수 있는 능력을 발전시키고, 친밀감을 경험하는 것을 최종목표를 두어야 하는데 그러기에 앞서 무분별한 정보의 홍수로 인해 오히려 약이 아닌 독이 되고 있는 것이다.

넷째, 권위 확립의 욕구단계로 외면적으로 부모나 다른 주위 어른들로부터 보호, 지지받던 모습에서 내면적으로 스스로 자신을 돌보는 모습으로 전환함으로써 유일성, 독특성을 확보한다. 이는 자신을 찾아내고자 하는 자아존중감과 욕구에 기반하며 개별성을 확립하는 것을 최종목표로 하고, 스스로를 특별하게 여기고, 내적인 지지체계를 확립해야 함을 의미한다.

<생각>이 오랫동안 잘못되어 있으니,
오랫동안 잘못된 길로 간 것이다.

청소년기의 성장의 고통은 위와 같은 4가지의 자존감의 욕구를 충족시키기 어렵게 한다. 정체감의 획득은 청소년의 감정이 복잡하고 무엇인가를 할 수 있다고 느끼는 동시에 아무 것도 할 수 없다고 느낄 때 더욱 달성하기 어렵다. 또한 감정적인 고통을 겪고 있을 때는 명확하게 사고하거나 이성적으로 행동하기 어렵다.

특히 청소년기의 일반적인 특징이라 할 수 있는 현실성을 극복해 내고 과업들을 달성하며 자존감의 욕구를 충족시키고 현실감을 되찾는다. 그럼으로써 성인기에 도달해서는 '나는 누구인가'라는 질문에 대해서 대답할 준비가 갖추어지는 것이다. 그러나 약물에 의존되어 있는 청소년들은 정서적인 발달이 비추어져서 부정적인 감정들을 극복해 낼 능력이 없다. 청소년기에 달성되어야 할 모든 과업들은 아직도 그들 앞에 놓여 있으나, 그들은 여전히 현실과 거리가 멀다.

<의로운 생각>으로 일을 한다.

중고등학생들에게 왜 담배 피우는지에 대해 물어보았다 (흡연학생 대상)

크게 두가지 용어를 많이 썼다

첫째 "간지" –멋있어 보여서요
둘째 "가오" –쎄보이고 강해보여서요

친구가 권하는 이면에서 이 두 단어의 유혹을 뿌리치지 못하고 잘 못된 선택을 하게 되는 경우가 많았다.

생각하며 사는 삶의 세계다.

초등학생들에게 왜 담배나 술을 하는지에 대해 물어보았다

첫째 : 호기심에서요

– "담배 맛이 정말 궁금해요"

"우리아빠가 피우시는데요, 저두 맛이 정말 궁금했어요"

"우리 엄마가 담배 피우시는대요, 저두 한번 피워보고 싶었어요" 등 가족내 흡연률이 있으면 담배에 대한 호기심이 더 많은 것으로 파악이 되었다.

술을 마셔본 경험이 있는 경우는

"아빠가 마셔보라고 주셨어요"

<생각>이 무섭다

"엄마가 맛 만 보라고 주셨어요"
"술은 어른들에게 배워서 한다며 따라 주셨어요"
"제사때 맛 봤어요" 등 다양한 대답을 하였다.

저자가 강의를 갔을 때 이런 질문을 하는 학생들을 많이 만나게 된다.

선생님! 담배 피워 보셨어요?
담배 맛이 어떼요?
정말 궁금해요

술은 이미 맛을 봤기 때문에 이미 알고 있는 경우가 대 부분 학생들이였다.

둘째 : "형,누나,언니,오빠들이 권해요"

이미 초등학교 고학년의 경우
형, 누나, 언니, 오빠들이 권하는 경우가 대부분이였다.

그렇다면 학자들이 말하는 이유에 대해 알아 보도록 하겠다.

<몸>은 습관대로 행하고,
<생각>은 그때마다 판단하면서 행한다.

약물 사용 동기에 따른 약물오남용의 원인을 알아보자

흔히 알려진 약물오남용 동기의 7가지 유형은 다음과 같다. 청소년들은 다음의 기술한 일곱가지 유형 가운데 한 두 가지 목적을 가지고 약물을 이용하게 되며 이용횟수가 늘어감에 따라 약물을 끊지 못하고 중독의 정도가 심해진다.

첫째, 모험추구형(adventure seeking type)

평소 과잉보호적인 부모에 의해 정상적인 모험에 대한 경험을 못해 본 청소년들은 약물 사용을 통해서 이를 해소하고자 한다.

둘째, 평화 추구형(peace-seeking type)

짧은 인생 기간 동안 많은 갈등을 겪어 온 청소년들은 평소 마

<생각>이 팔팔하고 날렵해야 된다.

음이 항상 갈등 속에 머물러 있기 때문에 마음의 평화에 대한 열망이 대단하며 이를 현실적으로는 이룰 수 없다는 것을 깨닫고 그 대신 약물을 복용함으로써 마음의 평화를 느끼고자 시도하게 되는 것이다.

셋째, 교우관계 추구형(frendship-seeking type)

인생을 살아 나가기 위해서는 친구가 반드시 필요하며 친구를 만드는 데에는 상당한 기술이 필요하다. 대부분의 경우에서는 성장 과정 동안 그러한 기술을 습득하게 되지만 일부분에서는 그렇지 못한 경우도 있다. 그 결과 그들은 항상 고독하고 우울한 인생을 살아 나가게 된다. 이런 사람들은 종종 친구를 사귈 때 마음의 긴장을 완화시키기 위해서 약물을 이용하게 되며 그 결과 약물을 계속 사용하게 되는 경우도 있다.

넷째, 힘 추구형(power-seekinglkhtype)

청소년뿐만 아니라 모든 사람들은 인생을 살아 나가는 과정에서 상당한 힘을 발휘하고 싶은 욕망들을 가지고 있다. 그러나 정당한 노력을 통해 힘을 얻는 일은 보통 어려운 일이 아니다. 그러나 약물은 어떤 경우 이들에게 강력한 힘을 가진 것같은 착각을 제공해 주게 된다. 이런 착각을 경험하게 될 경우 이들은 자주 약물을 접

<생각>으로 하면 '일순간'이다.

하게 되며 그 결과 약물남용자가 되고 만다.

다섯째, 미적감각 추구형(aesthetic-seeking type)

청소년들뿐만 아니라 모든 사람들은 미적 감각을 추구하는 경향들이 있다. 이를 느끼기 위해서 가끔 약물을 복용하게 되며 그 결과 약물에 지속적으로 의지하게 되는 경우이다.

여섯째, 성적동반자 추구형

청소년기는 사춘기의 신체적 변화와 더불어 성적 충동이 증가하고 그로 인해 이성에 대한 관심이 높아지는 시기이며 성적 주체성을 확립해야 하는 시기이다. 그러나 여러 가지 여건으로 인해서 많은 제약을 받고 있는 이들은 성적 행위를 할 때 많은 불안을 겪게 된다. 그래서 이들은 약물복용을 함으로써 이러한 불안을 극복하고자 하며 그 결과 약물에 지속적으로 의존하게 되는 것이다.

일곱째, 초월명상추구형(transcengence-seeking type)

복잡하고 갈등이 많은 인생을 살아 나가는 우리 모두에게는 모든 것을 초월한 인생의 느낌을 경험해 보고 싶은 열망이 있다. 그러나 이러한 열망이 현실에서는 도저히 경험할 수 없는 일들이기

<생각>을 잘못하면 '엉뚱한 행동'을 하고
'엉뚱한 삶'을 산다.

때문에 약물을 복용함으로써 경험하려 하고 그 결과 약물에 지속적으로 의존하게 된다.

이와 같이 청소년들은 위에서 기술한 일곱 가지 유형 중 한 가지 또는 두 가지 이상의 목적을 가지고 약물을 이용하게 되며 이용 횟수가 늘어감에 따라 약물을 끊지 못하고 결국에는 약물의존자까지 될 수 있는 것이다.

<잘못된 생각>으로 일을 낸다.

심리사회적 요인 : 개인 내적 및 대인관계로 알아보자

문제가 없는 가정에서 약물남용 청소년들이 나온다는 것을 볼 때 성격특성을 살펴보는 것도 유용하다고 본다. 확실히 어떤 성격특성은 약물사용에 더 호기심을 갖게 하는 것 같다. 이를 소위 중독성향의 성격(Addiction-prone personality)이라 한다.

한편 성격특성을 검토할 때 어려운 점의 하나는 어떤 성격특성이 약물사용의 원인이 되는 것인지 약물남용의 결과인지를 알 수 없는 것이다. 다만 상호관계가 있다는 것은 확실히 말할 수 있다. 그러므로 성격특성에 있어 자주 주목되는 양상, 즉 낮은 자존감, 심리적 곤경, 행동문제에 대해 간단한 검토를 하도록 하겠다.

<생각>을 보고 '사람'을 뽑는다. 왜? <생각>이 빛나가면 <몸>도 <행실>도 빛나가기 때문이다.

자존감은 자아에 대한 지각에 문제이며 다음과 같은 질문을 수반한다. **나는 누구인가? 나에 대해 어떻게 느끼는가?** 자존감은 인간관계나 사회적 상황, 직장 등에서 성공하는냐 실패하느냐에 따라 올라가기도 하고 내려가기도 하므로 역동적이라 볼 수 있다. 거의 모든 정신건강 문제가 최소한 자존감과 관련이 있기에 이 낮은 자존감을 다루게 된다. 문헌들은 낮은 자존감과 약물사용 사이에 분명한 상관관계가 있음을 시사한다(Braucht, Follingstad, Brakarch, & Berry, 1973 ; Kaplan, 1980).

자연적으로 일어나는 많은 사건들이 자존감에 영향을 준다. 청소년에게 있어서 좀 늦게 성숙하는 소년과 너무 빨리 성숙하는 소녀들은 자존감 및 자아정체감 형성에 어려움을 겪고 약물사용 경향을 띠는 경우도 있다(Samuels, 1974 ; Hamburg, 1974). 빠른 신체적 발달을 하는 청소년에게 친구들이나 어른들은 종종 성인처럼 행동하고 사회화되도록 상당한 압력을 준다 그러나 이런 청소년들은 정서적으로나 심리적으로 또는 지적으로 아직 미숙하다. 늦게 성숙하는 청소년은 신체 크기면에서 작고, 성적인 발달도 느리다. 이들은 종종 자신을 못마땅하게 여긴다. 자주 어른들이나 친구들은 이들을 더 어리게 보고 능력이 없다거나 미숙하다고 여긴다. 이런한 대접은 청소년의 가뜩이나 낮은 자존감을 더 낮춘다.

<생각>이 산 자는 <몸>도 살아서 행한다.

'심리적 스트레스'는 후기 약물사용의 위기요인으로 자주 등장한다. 스트레스는 외부사건, 즉 학교시험, 이사, 부모의 이혼, 친족이나 친구의 죽음 같은 생활사건으로 발생하기도 하지만 내부적인 요소, 즉 미숙한 대처기제나 심리적 곤경으로 인해 발생하기도 한다. 물론 외부요소와 내부요소는 서로 상호작용을 한다. 이런 스트레스나 심리적 곤경을 가지고 있는 청소년은 알코올이나 약물을 사용할 가능성이 높은 것으로 보인다 (Fridman, Utada, Glickman, & Morrissey, 1987 ; Mitic, McgGuire, & Neumanmm, 1987).

실제로 마약중독자들에 대한 심리적 성격에 대한 연구를 보면 이들이 상당한 정신병리를 가지고 있는 것으로 나타났다. 상당수가 다양한 수준의 정신분열증이 포함된 정신적 장애로 인해 고통받고 있었다. 또한 나약한 자아와 낮은 좌절, 인내력, 불안, 전능한 힘에 대한 환상으로 특정 지워지는 성격장애를 앓고 있다는 연구결과도 있다. (Siegel & Senna, 1994). 여기서 중요한 명제는 바로 정서적 고통을 당하는 청소년은 자기치료의 수단으로 약물을 사용한다는 것이다.

청소년에게 있어서 학교는 중요한 생활의 장이기 때문에 학교생활에 대한 태도나 이슈가 약물사용에 영향을 미치는 경우

<생각>이 죽은 자는 <몸>도 죽어 있다.

가 많다. 학교에서의 실패의 두려움, 낮은 학업성취 및 낮은 동기는 약물사용의 요인으로 파악되었다. (Brook, Whiteman, Gordon, Nomura, & Brook, 1986 ; Jessor & Jessor, 1975 ; Millis & Noyes, 1984). 김준호와 박정선(1995)의 연구에서는 **학교생활과 관련된 네 가지 요건, 즉 학업참여도, 학교생활 자신감, 학업중시도, 학교 성적 중에서 학업중 시도만이 유의미한 요인으로 나타났다.** 학업을 중요시하고 동기화되어 있다면 성적이 나쁘더라도 약물사용을 하지 않을 가능성이 크다는 점을 시사하고 있다.

성취보다는 독립에 대한 가치를 강조하고 관습적인 사회제도의 목적에 관심이 없는 청소년들은 더욱 약물에 관계하는 것으로 나타났다. (Brook et al., 1986). **충동적이고 반항적이며 자극추구적이고 책임감의 부족 등의 행동문제를 나타내는 청소년들은 약물사용 가능성이 높다(Jessor & Jessor, 1977)** 한편 초기 비행이 약물사용의 중요한 요인으로 밝혀졌는데(Huba & Bentler, 1983)종종 비행이 약물행동을 선행하는 경우가 많이 있다(Johnston, O' Mally, & Evelane, 1978; Long & Scherl 1984). **사실 많은 청소년들에게 있어서 약물남용은 많은 문제행동들 중 한 가지일 뿐이다.**

<생각>이 이탈되면 <몸>도 이탈된다.

이제 대인관계 측면에서 한 가지 언급하도록 하겠다 청소년들은 일반적으로 혼자서 약물을 시작하거나 혼자서 약물을 사용하지 않는다

동료의 영향이나 압력이 직 · 간접적으로 약물사용을 부추긴다(Brook, Whiteman, & Gordin, 1983 ; Glynn, 1981).

동료의 영향이 반드시 단독으로 약물사용을 이끌어내는 것은 아니다. 예를 들어 가족으로부터 소외감을 느끼거나 희생양이 된 청소년은 더욱 동료들에게 수용되기를 바란다. 그러나 **부모의 지지나 가치가 강력하다면 동료들의 영향력은 줄어들게 된다(Brook, Gordon, Whiteman, & Cohen, 1990).**

주목할 것은 친구관계는 의도적인 선택이라는 것이다. 청소년들

생각의 축복이다!

은 마음이 맞는 친구들과 시간을 보내며 우정을 형성해 나간다. 일단 청소년들이 어떠한 일련의 행동을 같이하기로 했다면 그들에게는 규범적인 행동이 설정된 것이기 때문에 친구들은 강력한 영향력을 행사하게 된다(Kandel, 1985).

청소년들은 감정의 공유와 친밀감에 이끌리어 소위 약물사용 하위문화(drug-use subculture)에 완전히 빠져들게 된다.

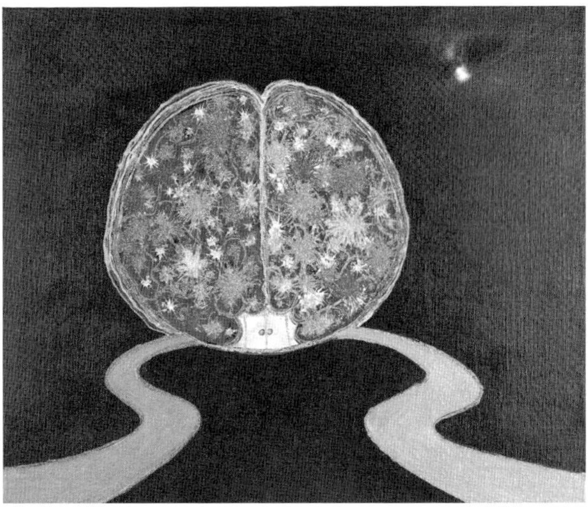

두길/10호/아크릴

<생각>으로 인한 '즐거움과 기쁨의 삶'이다.

사회적 요인으로는 무엇이 있을까

사회적 요인으로서 사회적 해체를 들 수 있다. 약물남용은 빈곤, 사회적 해체, 그리고 절망감에 기인해서 발생한다는 이론이 있다. **젊은 소외계층이 약물을 사용하는 이유는 사회적 편견, 평가절하된 정체감, 낮은 자존감, 낮은 사회 · 경제적 지위, 가혹한 도시환경에서 살아가는데 따른 스트레스 등에 기인한다는 것이다.**

빈곤과 약물사용이 연관되는 현상은 경제적 하류층에서 보이는 높은 수준의 불신감, 회의주의, 반항에 연루된다고 본다(Winick, 1965). 한편 오랜 기간 동안 약물사용과 사회적 해체가 연관되었다는 주장이 있었지만 약물사용과 사회적 계층 사이에는 거의 아무런 관계가 없다는 보고도 있다(Elloutt, Huizinga, Menard, 1989).

<몸>은 '생각'과 함께 즐거움과 기쁨을 누린다.

유전적 요인, 가족변수, 성격특성, 대인관계, 사회적 변수들은 약물사용에 중대한 영향을 미친다. 사실 이들 위기 요인들이 상호 작용을 한다고 보아야 한다. 그러나 이런 위기요인에 노출된 청소년들이 모두 약물에 관계하는 것은 아니다. 역으로 이런 위기요인들이 없더라도 약물에 관여하는 청소년들도 있다. 반드시 마음이 불편해서 또는 행복감에 도취하고 싶어서 약물을 사용하는 것도 아니다. 어떤 청소년들은 단지 해 볼만한 것이라고 느껴서, 또는 하나의 통과의례라고 생각하고 약물을 시작한다.

덧붙여 한 가지 지적할 만한 것은 약물사용의 어떤 특성으로 인해 계속적인 약물사용을 하게 된다는 것이다. 가장 중요한 것을 바로 "행복감의 회상(euphoric recall)"이다. 즉 약물사용으로 인한 신체적 괴로움(구토, 방향감각의 실종, 넘어지고 쓰러짐)보다는 기분 좋았던 점(쾌감)을 회상하게 된다. 그러므로 자신이 어떻게 행동했는지 보다는 어떻게 느꼈는지를 기억하게 된다. 즉 고통스럽고 부끄러운 사건은 회상되지 않는 '선택적 기억'을 한다. **경종을 울리는 것은 바로 이러한 행복감의 회상이 현실로 믿어지고 받아들여진다는 것이다. 약물남용은 이렇게 약물이 자신에게 유익하다는 합리적인 신념(착각이지만)으로 발전된다. 그리고 중독 과정을 밟는 데 중요한 역할을 한다.**

<생각>이 부패되면 <몸>도 부패된 것이다.

마지막으로 무엇이 청소년들이 약물을 사용하도록 만들까

심리적 특성을 가진 청소년들이 약물을 사용하도록 할까? 이런 질문에 답을 찾을 수 있다면 약물오남용청소년들을 이해하고 지도하는 데 도움이 될 것이다. 청소년의 일반적 비행 문제와 약물 오남용 문제의 공통점과 차이점을 살펴보면서 약물 오남용 청소년들이 가지고 있는 심리적 특성과 오남용 원인에 대하여 정리하고자 한다.

청소년의 문제 행동을 효과적으로 지도하려면 청소년의 문제행동을 분명하고 바르게 이해하여야 한다. 가정부적응, 학교부적응, 가출, 집단따돌림, 학교 중퇴 등은 청소년 비행으로 이어지는 초기 단계에서 일어나는 문제로, 절도와 폭력, 성폭력 등의 심

<생각>이 꺾이면 <생활>이 꺾인다.

각한 수준의 비행 행동과는 구분되어야 한다. 또한 심각한 수준의 비행 행동을 보이는 품행 장애 청소년들이 거짓말, 등교 거부, 폭력, 폭주 등의 하위 유형으로 나타내는 약물사용과 순수한 약물사용 청소년들의 약물사용 행동 역시 구분되어 이해되어야 할 것이다.

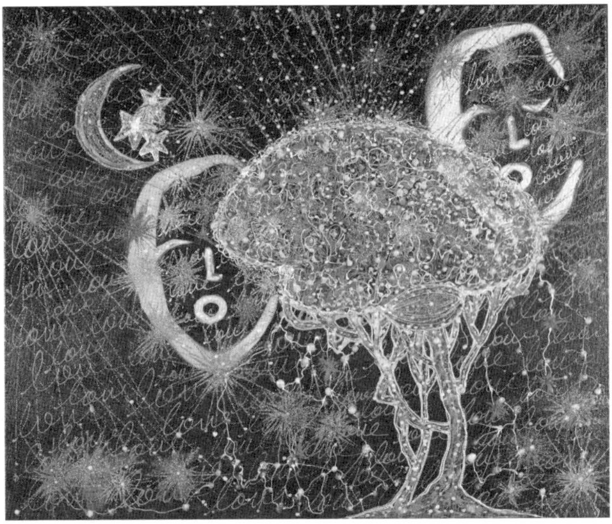

사랑/10호/아크릴

<생각>이 막히지 않고 지속돼야 한다.

비행청소년과 약물오남용 청소년의 공통점

먼저 비행과 약물 문제 모두는 청소년들의 발달 초기, 그들의 중요한 보호자와의 안정적이지 못한 관계에서 비롯되었다는 공통점을 갖고 있다. 품행 장애 청소년들이 회복되지 못한 채 만 18세가 지나면 반사회적 인격장애로 진단명이 바뀌며, 이 반사회적 인격 장애의 핵심 증상 가운데 중요한 점이 바로 인간에 대한 전체적인 '불신'으로 대표되는데, 이러한 불신감은 Erikson의 사회성적 발달단계 가운데 첫 번째 단계인 '기본적 신뢰감 대 불신감' 의 시기에 중요한 보호자로부터 경험된 불안정한 관계에서 비롯된다.

약물 중독을 설명하는 Freud의 고전적 정신분석 이론에 따르면 약물 사용은 구강기, 항문기, 남근기, 잠복기, 생식기로 대별되는

<생각>에 따라서 '희망'이다.

다섯 단계의 발달 과정 가운데 첫 번째 단계인 구강기의 성적 쾌감의 욕구가 지나치게 만족되었든지, 지나치게 좌절되어 또 다시 이 구강기적 자극을 약물사용을 통해 만족하려고 하는 이 단계로의 퇴행의 욕구에서 비롯되었다고 보고 있다. 이 시기 역시 생후 첫 1년의 발달 초기에 해당된다.

마지막 두 집단의 공통점이자 다른 문제 행동과도 중첩되는 다른 문제는 두 집단 모두 자아존중감이 매우 낮은 특징을 지닌다는 사실이다.

생애 초기부터, 자기에게 절대적인 사랑과 관심을 표현해 줄 주된 보호자로부터 불신과 불만을 경험해 온 비행과 약물사용 청소년들이 자기 자신에 대한 자부심이나 자신감이 높을 수 없다. 따라서 이 두 집단에 해당되는 청소년 상담 공통의 과제는 자아존중감의 회복 내지는 향상에 그 초점을 맞춘다. 비행 집단에게 자아존중감의 결여는 힘이나 돈으로 자신을 만회하려는 형태로 나타나고, 약물 집단에 있어서 자아존중감의 결여는 어려운 문제의 회피나 약물을 이용한 자신의 표현으로 드러난다. 그러므로 근본적으로 자기 자신의 존재에 대한 긍지와 자부심이 회복된다면 위의 부적절한 노력 역시 줄어들 수 있을 것이다(마그미 약사와 함께하는 약물남용예방교육 , 중고등용교재 : 82～83).

<생각 발달>이 <몸 발달>이다.

청소년 약물사용의 단계별 유형

청소년 약물 단계별 특징

단 계	특 징
1단계 (위기단계)	**2차적 약물사용** 실험적 혹은 사회도구적 약물사용 청소년기의 심리, 사회적 특징에 의해 시발됨 사회 적응에 심각한 문제점이 보이는 것은 아니지만 약물사용의 충동경험
2단계 (남용단계)	**2차적 약물사용에서 1차적 약물사용으로 전환** 상황적 약물사용 일상생활에 역기능적 행동 및 태도로 인한 문제가 외부로 드러난다. 청소년기의 특징으로 시작되었다 할지라도 그 이후 시기에 계속적으로 문제가 남아 있게 된다.
3단계 (의존단계)	**1차적 약물사용** 심화된 약물사용 약물로 비롯된 문제행동의 근원이 어린 시절에 있다. 생활 전체에 통합적 개입이 요구된다.

※ 자료출처 : 최은영외, 청소년비행및약물중독상담 , 2005 : p62

<생각>이 어느 정도냐에 따라서 <삶>이 좌우된다.

약물사용의 단계는 위기단계, 남용 단계, 의존 단계로 구분할 수 있다(금영자, 1995)약물사용의 첫 단계라 할 수 있는 위기단계는 호기심 충족이나 또래와의 동질감 형성을 위한 사회적 수단으로 약물을 사용하는 단계다. 이 단계는 약물사용 자체가 목적인 1차적 약물사용보다는 다른 활동의 과정에서 부차적으로 약물을 경험하는 2차적 약물사용이 나타난다. 이 단계의 청소년은 겉으로 드러나는 심각한 사회 적응상의 문제를 가지고 있지는 않지만 청소년기에 경험하게 되는 다양한 위험에 노출되어 있다.

약물사용의 두 번째 단계는 남용단계다. 남용단계에는 2차적 약물사용이 1차적 약물사용으로 전환되기 시작하며, 일상생활에서의 스트레스 및 부정적 경험을 회피하기 위한 수단으로 약물이 이용되기 시작한다. 이 단계부터 약물의 역기능적 조짐이 나타나기 시작하지만 아직 의존적이지 않으며, 상황에 따라 필요를 느껴 약물을 찾게 되는 단계다. **약물사용의 마지막 단계인 의존단계는 약물사용이 1차적 약물사용으로 굳어지고 강박적으로 약물에 의존하게 되는 단계다. 의존단계의 청소년은 심리적 문제의 근원이 아동기 이전에 있을 가능성이 높고, 연령의 변화에도 불구하고 비행이 지속되기 때문에 심리 · 환경적 개입이 통합적으로 이루어져야 한다.**

생각의 품종, 생각의 질이 좋아야 된다.

사용약물별 유형에 대해 알아보자

약물사용 청소년의 유형을 구분하는 또 하나의 기준은 그들이 사용하는 약물의 종류와 관련된다. 약물사용 청소년들은 다양한 종류의 약물을 사용한다. 이들이 어떤 종류의 약물을 사용하는지는 우선 청소년들의 약물사용의 정도와 자아강도, 체질의 영향으로 설명될 수 있고, 이외에도 각 약물의 종류에 따라서 약물남용의 동기와 환경, 경험하는바, 약물사용 청소년들의 성격 등에서 차이를 발견할 수 있다.

약물을 분류하는 또 다른 방식으로 약한 약(sogt–core drug), 과 강한약(hard–core drug)이 있다. 약한 약이란 약물의 작용이 그다지 세지 않은 약으로 여기에는 대마초, 암페타민, 알코올 등

<생각>에 '지혜 · 지식 · 총명'이 있다.

이 포함된다. 강한 약이란 약물의 작용이 비교적 센 약으로 이에는 헤로인, 코카인, LSD같은 약물이 포함된다.

우리나라에서 일반적으로 담배와 술은 흡입제나 진해거담제 등 기타 약물로 이어지는 약물사용 과정에서의 출입문적 성격을 지닌 약물이다. 즉, 흡입제나 진해거담제를 사용하는 청소년들 대부분이 담배와 술을 함께 사용하고 있다.

남용약물의 종류

분 류	내 용
중추신경 흥분제	뇌신경 세포의 기능을 흥분시키는 약물 (담배, 카페인, 암페타민류, 코카인 등)
중추신경 억제제	뇌신경 세포의 기능을 억제시키는 약물 (알코올, 흡입제, 마약류, 수면제, 신경안정제, 전해제, 항히스타민제 등)
환각제	뇌신경 세포의 기능을 흥분시키기도 하고 억제시키기도 하는 약물 (대마초, 펜시클리딘등)
기타	진통제

※ 자료출처 : 최은영외,청소년비행및약물중독상담, 2005 : p67

저마다 '생각의 샘'이 솟아야 된다.

물질중독의 대표적 중독 담배와 알코올 중독에 대한 이해를 돕고자 한다

우리나라의 경우 1990년대 들어 물질중독 중 청소년의 본드, 부탄, 오남용 문제가 사회 문제가 되기 시작하였고, 2000년대 들어와서 조기 유학 열풍으로 인해 청소년의 약물 문제가 더욱 심각한 사회 문제로 대두 되었다. 이에 정부에서는 공식적으로 2016년도부터 약물오남용 교육을 연간 2시간 각 유치원 · 초 · 중 · 고등학교에 실시하고 있는데 교육실시 8년이 지난 시점에 우리나라 예방교육은 유치부에서는 의약품 안전교육과 함께 흡연 음주에 관한 예방교육이 실시되고 있고, 초등학교에서는 주로 흡연예방교육이 이루어지고 있으며, 중학교에서는 흡연, 음주교육, 고등학교에 들어와서 본격적으로 약물오남용예방에 대한 교육이 이루어지고 있는 실정이다.

<좋은 생각>이 '충만'해야 된다.

이러한 교육들이 학생들과 교사들에게 같이 이루어지고 있으나 중독예방교육에 있어서 가장 중요한 부모에 대한 교육은 거의 이루어지고 있지 않은 것이 현실이다.

예방교육이 10년여에 걸 쳐 진행하고 있지만 마약백서에 따르면 실제적인 약물오남용사례는 별다른 변화가 없었고, 2011년도 광주지역의 중학생들 사이에서 문제가 된 집단 니스사건에 경우도 불과 3개월 만에 서울 경기지역까지 니스가 중 · 고등학생들에게 문제가 나타나게 된 상황을 보더라도 예방교육이 큰 효과를 미치지 있지 못한 것으로 보인다.

실제 법적인 문제를 야기하는 약물은 아니지만 중고생들 사이에서 선풍적인 유행을 끌고 있는 에너지붕붕음료, 여학생들의 진통제 다이어트, 몸짱 약, 공부잘하는 약들은 추후에 약물오남용 문제를 불러일으킬 소지가 상당히 많음에도 불구하고 일부 학부모들이 이러한 것들을 오히려 자녀에게 주어 문제를 더 확산시키는데 한 부분을 차지하고 있다고 본다. 이렇게 된 사회적 원인은 바로 부모교육의 부재로 인한 문제인 것이다.

<생각의 가뭄>이 들면, '인생 농사'를 못 짓는다.

담배란 무엇인가

현재 우리나라 물질 중독에서 가장 많이 하고 있는 예방교육은 흡연과 음주이다. 이에 담배와 술에 대해 자세히 알 수 있도록 본 장에서는 소개를 하고자 한다.

미국심장학회의 연구에 의한 결과에 따르면 마약 중 3가지 코카인, 헤로인, 대마초, 그리고 담배의 니코틴, 알코올, 카페인 등 6가지 약물을 대상으로 의존증, 금단증상 등을 연구했을 때 의존증(중독성)이 가장 강한 약물로 담배의 니코틴, 금단증상이 가장 강한 약물은 알코올이라는 것을 과학적으로 입증 발표했다.

생각 집중이다.

담배의 시작은 이렇게

저자가 흡연예방교육을 진행하면서 초등학생 대상의 경우 항상 질문을 해보는 것 중의 하나가 담배를 피워본 학생들에 대한 파악이였다.

그런데 최근 우리나라 초등학생들의 흡연이 점점 연령대가 낮아지고 있다는 사실을 알 수 있었다.

지역마다 약간의 차이가 있기는 하지만 초등학교 1학년 중에도 담배을 피워본 학생들이 있을 정도였다. 그런데 그 원인 중 하나는 가정내 흡연자가 있을 경우가 대부분이였다.

<생각>을 잊으면, '생각'을 도둑맞아 뺏긴다.

가족 구성원가운데 흡연자가 있으면 흡연아동과 청소년이 생겨날 활률이 높아지는 것이다.

동행/15호/아크릴

<생각>에 따라서 결정된다.

담배는

담배는 담배잎에서 시작하는데 이 담배잎은 가지과 식물이면서 1년생으로 크게 자라면 2~3m까지 자란다.

처음 담배잎을 사용했었던 사람들은 아메리카 인디언들이였는데, 1492년 콜럼버스가 아메리카 신대륙을 발견할 당시 원주민(인디언)이 선물로 준 것으로 유래 우리나라에는 일제 강점기 일본에 의해 전해지게 되었다는 연구가 있다.

정말 귀한것임을 알면 받드시 산다.
그래도 돈이 부족하면 입고 있던 자기 옷이라도
팔아서 보태서 산다.

담배속의 독성 성분

담배 한 개비가 타기 시작하면 약 5,000여 종의 독성물질이 나오는데. 5,000여 종의 독성물질 중 3대 해로운 물질은 타르, 니코틴, 일산화탄소다.

① 타르

타르는 담배연기를 입에 넣었다가 흰 종이에 내뿜을 때 나타나는 미립자가 농축된 흑갈색의 물질로, 담뱃진이라 불리며, 담배의 맛과 향을 결정짓고, **가장 해로운 점은 발암(암발생)의 원인 물질이라는 점으로 담배가 우리 건강에 주는 해독의 대부분이 이 타르에 의한 것이다.**

늦게 가서 얻고 누리려 하면, 인생 해가 져서 못 누린다.

타르는 그 자체로도 맹독성이 있어 적은 양으로도 작은 동물이나 곤충을 죽일 수 있기 때문에 예전에는 담배꽁초를 모아 화장실에 넣어 구더기를 구제하는 데 사용하였고 산에서는 뱀을 퇴치하는데도 이용 했었다.

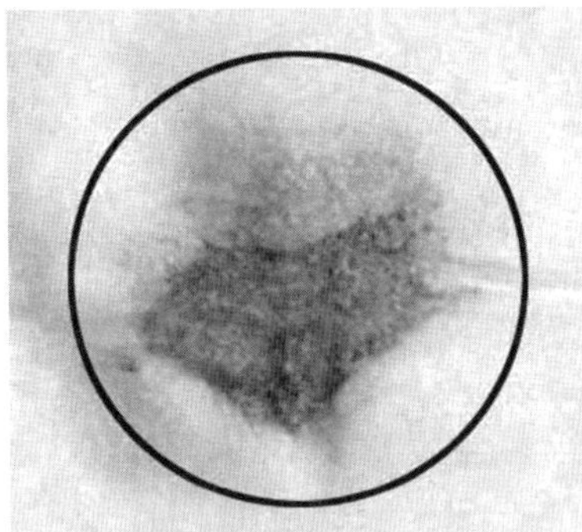

한사람이 하루에 한 갑씩 담배를 피울 때 1년간 모이는 타르의 양은 보통 유리컵 하나에 꽉 찰 정도로 많은 양으로, 이 타르는 담배연기를 통하여 폐로 가서 거기서 혈액에 스며들어 우리 몸의 모든 세포외 장기에 피해를 주기도 하고 잇몸, 기관지 등에는 직접 작용하여 표피세포 등을 파괴하거나 만성 염증을 일으킨다. 담배의 독특한 맛은 바로 이 타르에서 오는 것이다. 담배 한 개피를 피울 때 흡입되는 타르의 양은 대개 10mg이내이다.

<같은 길>을 두고도 가는 방법이 다르다.
'걸어가는 방법 ; 빨리 걷는 방법 ; 뛰어가는 방법'이다.

금연교실을 운영하면서 학생들 중 담배의 헤로움중에서 타르의 실제 존재유무를 알 수 있도록 했을 때 보다 금연의의지가 강해짐을 알 수 있었다.

자신이 피우고 있는 담배 속에 있는 물질 중 가장 쉽게 알 수 있는 타르에 대한 정보만 정확히 알려 줘도 최대한 담배를 빨리 끊을 수 있도록 도움을 줄 수 있을 것이다.

② 니코틴

담배가 해로운 이유는 참으로 많다. 타르에 의한 발암의 원인과 더불어 5,000여 종의 독극물들이 인체에 미치는 영향은 백해무익이기 때문이다. 수 많은 물질 중 단연 의뜸의 해로움은 바로 중독일 것이다. 과거 저자가 하는 교육에서 흡연예방교육의 경우 타르로 인해 암 발생비율의 높음을 강조하였다면 최근 교육은 의학의 발달로 암 정복시대를 바라보고 있는 시점에서 치료는 가능한데 중요한 것은 치료 후 재 흡연을 하게 하는 니코틴 중독의 위험성을 강조하는 것이다.

치타는 '빠른 것'이 상징이다.
고로 '빠른 영양'을 잡아먹는다.
이와 같이 <빨리 제때 행하는 자>가 '좋은 것'을 얻고 누린다.

미국 심장학회에서 담배가 의존성(중독성)이 강한 약물로 연구된 이유가 바로 니코틴 중독 때문 이였다. 담배 한 개비에는 1~2mg의 니코틴이 들어 있는데, 담배 한 갑을 피우면 20~40mg의 니코틴을 마시는 꼴이 된다. **니코틴은 아편과 거의 같은 수준의 습관성 중독을 일으키기 때문에 약학적으로 마약으로 분류되고 있는 물질이며**, 우리 뇌에서 니코틴이 작용하는 시간이 최소 30분에서 최대 1시간까지로 담배를 일단 피우기 시작하면 매 30~40분에 한 대씩 피워야만 하는 이유가 바로 담배 속에 있는 니코틴 때문이다. **적은 양의 니코틴으로 쾌감을 얻을 수 있고 양이 많으면 환각상태에까지 이르게 되며, 대마초(마약)와 유사한 부분이 많다.**

담배 한 개비에는 1mg이하의 니코틴이 함유되어 있는데 니코틴 40mg이면 치사량이 된다. 많은 동물실험에서 입증된 사례들이 많다. (토끼실험, 닭 실험등) 담배를 피우는 이유는 니코틴이 일시적으로 중추신경을 흥분시켜 정신적 안정감과 긴장감을 해소해주기 때문이다. 그러나 이러한 일시적 위안으로 인해 더 큰 재앙을 초래하게 된다는 사실을 모르면 안된다.

<빨리 정신 차리고 행하는 자>는 10배, 20배 '빨리' 간다.
<뛰는 자>는 '순간'에 간다.
<걷는 자>는 '한참'을 간다.

니코틴은 한번 피우기 시작하면 습관성과 내성을 일으키는데, 이렇게 되었을 경우 육체적, 정신적으로 니코틴에 의존을 하게 되어 니코틴이 없으면 못 견디게 되어 담배로 인해 자신의 생명을 잃을 수도 있다는 것을 알면서까지 피우게 되는 것이다.

담배 중독이 된 경우 30분 이내에 니코틴을 투여하지 않으면 금단현상이 나타나는데, 불안감, 긴장감, 집중력 감소 등이 그 특징적인 현상으로 특히, 성장기에 있는 청소년에게는 더 해롭고. 청소년기에는 사람에게 있어서 핵이 되는 뇌세포를 비롯한 모든 세포들이 성장, 성숙하는 시기인데 흡연을 하게 되면 세포의 성장을 저해 할 뿐만 아니라 뇌세포를 파괴 시키며, 노화를 촉진시킨다. 또한 저항 능력이 약해 각종 질병에 걸릴 위험률이 높고 특히 암의 경우 청소년기의 흡연은 2명중 한명이 암에 걸린다는 연구결과도 있다.

니코틴이 담배연기로 흡입되어 뇌에 약리작용을 일으키는데 소요되는 시간은 불과 4~5초이며, 흡입된 니코틴이 체외로 완전히 배출되는데 약 3일이 걸린다. 그래서, 니코틴중독으로 인한 금단

<생각이 빠른 자>는 10년 전에 행하여 끝났다.
<생각이 느린 자>는 1년 후, 2년 후에 그제야 알고 행한다.
어떤 것은 10년 후, 20년 후에 알고 행한다.
그러니 답답하다.

증상이 가장 극적으로 나타나는 시기가 금연을 시작한 후 3일째인 것이다. 중독 증상으로는 오심, 굳, 현운(어지러움), 식은땀, 소화장애, 부정맥, 시력장애 등이 일어난다.

니코틴 중독으로부터 자신의 의지로 빠져 나올 수 있는 확률은 3% 미만으로 "나는 의지가 강해", "다른 사람은 몰라도 나는 빠져 나올 수 있어"라는 착각을 하면 절대 안된다. 흡연을 하는 수 많은 사람들을 만나는 저자에게 흡연자들의 하나같은 말은 흡연은 처음부터 하지 않는 것이 가장 좋은 예방법 이라는 말한다.

또한 흡연하고 있는 청소년들과 금연교실을 진행하면서 느낀 바이지만 흡연하는 청소년들은 질병과 중독에 위험성에 대해 생각하지 않고 있고, 정확히 잘 –모르고 있다는 사실이다.

한번 니코틴으로 인해 변화된 뇌 수용체는 '평생 변하지 않는다.'는 연구결과가 있음을 절대 잊지 않아야 한다.

<목적을 두고 가는 인생길>에도 가는 방법이 여러 가지다.
'완만한 길로 멀리 돌아서 가는 방법 ; 계단으로 보다 빨리 가는 방법 ; 경사가 심한 길로 가장 빨리 가는 방법'이 있다. - 자기 선택이다.

③ 일산화 탄소

일산화탄소는 무연탄의 불완전 연소시 생성되는 가스로 이미 우리에게 친숙한 물질로 연탄가스 중독 원인물질인 이산화탄소가 함유되어 있다.

담배속의 주요성분

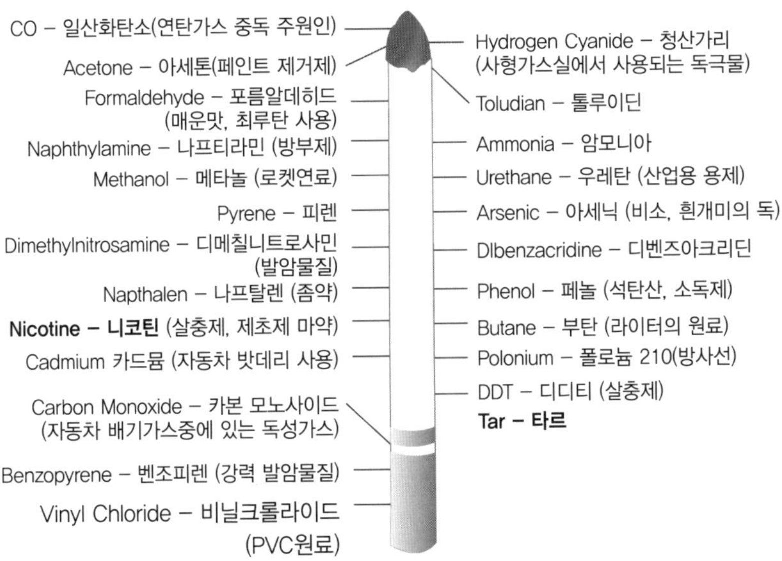

표 출처: 한국금연운동협의회

> <뇌 생각의 차이>는 '차 엔진 기능의 차이'와
> 같아서 매우 중요하다.

담배를 피우는 것은 마치 적은 양의 무연탄 가스를 지속적으로 흡입하고 있는 것과 같아 혈액의 산소운반 능력을 감퇴시켜 만성 저산소증현상을 일으켜 신진대사에 장애를 주고 조기 노화현상을 일으킨다. **담배를 많이 피우거나 담배연기가 가득한 방에 오래 있으면 머리가 아프고 정신이 멍해지는 것은 바로 일산화탄소의 영향이다.** 최근 청소년들의 성장발달은 성장속도가 빠르기 때문에 흡연을 하게 될 경우 그와 함께 흡연의 피해가 성인의 배가 된다.

<완만한 길>은 편하지만 그만큼 목적지가 멀리 있어
늦게 가게 되고, 편한 만큼 방심하게 된다.
<계단 길>도 그만큼 편하다. 편한 만큼 목적지까지
가는 데 시간이 걸린다. <급경사 길>은 험하지만,
그만큼 목적지가 코앞에 있어서 '짧은 시간'에
'모험'을 하면서 가게 된다.
길이 험하니 그만큼 조심하게 된다.
<급경사 길>은 고생돼도 빨리 목적지에 도착하게 된다.
이 길을 선택하여 가는 자는 그만큼 결심하고
정신 차리고 행하는 자다.

담배가 우리 몸에 들어와서 하는일

니코틴 중독에 의한 신체적 피해

담배를 피우는 사람의 경우 피우지 않는 사람보다 병에 걸렸을 때 치사율이 높다. 따라서 사람이 담배를 배우면 체내에서 어떤 변화가 일어나는지에 관해 오랫동안 관심사가 되어 왔다. 그러나 불행하게도 오늘날까지 이 모든 것에 관한 완전한 대답은 구해지지 않고 있다. 지금도 담배의 위해성은 계속 연구되어지고 있다.

각자 '얼마만큼 속도를 내고 안전하게 가느냐'가 문제다.
이것으로 운명이 좌우된다.

1. 흡연과 암

담배는 발암물질 창고로 전체 암의 30~40%는 담배로 인해 발생한다. 담배 속에는 적어도 69여종의 이상의 발암물질이 들어 있는 것으로 연구되어지고 있다. 담배를 오래 피울수록 이런 발암물질이 몸에 축적되어 암이 생길 가능성이 증가하게 된다. 성인 흡연자 3명 중 한명은 암에 걸린다는 질병관리본부의 발표가 있다. 특히 청소년의 경우 그 발생빈도의 더욱 크게 되는데 청소년기에 흡연한 경우 흡연하는 청소년 2명 중 1명은 성인이 되어 암에 걸릴 확률이 있다.

흡연으로 인해 발생할 수 있는 암으로 가장 잘 알려진 것은 폐암이다. 흡연으로 인한 폐암은 치료 예후가 나쁜 악성을 띠는 경우가 많아 더욱 심각하다. 하지만 폐암 외에도 구강, 인후, 식도, 췌장, 자궁 경부, 신장, 방광, 대장과 직장 등 다른 기관 역시 흡연으로 인해 암이 발생할 수 있다. 담배가 연소되면서 발생하는 연기 속에는 최소 69가지의 발암물질과 5,000여 종의 화학물질이 포함되어 있다. 그중에서는 벤젠, 벤조피렌, 페놀 등 1급 발암 물

> 혼자라서 힘들면 '자기가 할 만큼'이라도 해라! 해 보아라.
> 그러면 태양도 말하기를 "어서 '해'가 지기 전에 해라.
> '때'가 지나기 전에 해라." 한다.

질은 물론, 청산가스, 비소 등 독극물로 분류되는 성분도 포함된다.

이런 발암물질과 독소물질은 호흡기를 통해 다시 체내로 흘러 들어오는데, 이때 연기가 구강 기관지, 폐 등의 호흡기 세포와 접촉을 하면서 몸속으로 흡수된다. 발암물질과 접촉된 세포들은 독소에 의해 손상을 입게 되는데 이것이 쌓여 암 세포로 발전하게 되는 것이다. 담배에 포함된 발암세포들은 몸속에 흡수된 후에는 세포 속의 핵산(DNA)의 변이를 일으켜서 암세포를 발생시키는 것으로 알려져 있다. 때문에 연기와 접촉하는 구강, 기관지, 폐 등에서 암이 발생하기 쉽다. 또한 발암물질들이 소변에 섞여 몸 밖으로 배출될 때 소변이 접촉하는 방광에서도 발암물질에 의한 암이 발생할 수 있다.

그 외 연기나 발암물질과 직접 접촉하지 않은 여러 장기에서도 담배로 인한 암이 발생된다. 식도, 췌장, 위 등은 담배 연기와 직접 접촉이 이루어지지 않은 부위임에도 비흡연자에 비해 흡연자에게 발생할 확률이 훨씬 높다.

세월이 가면 갈수록 물건 값이 올라가 상황이 바뀌듯이,
때 지나고 하면 만사의 모든 상황들이 바뀐다

또한 백혈병, 간암, 대장암, 직장암, 자궁경부암, 유방암 역시 비흡연자와 흡연자 간의 발생 빈도에서 차이를 보였다. 그 외 여러 희귀 암의 발생과 흡연과의 상관 관계도 다양하게 연구되고 있다. 얼마 전 발표된 국민건강보험공단의 논문에 의하면 흡연자가 비흡연자에 비해 암에 걸릴 확률은 1.5배 높았으며, 식도암은 4.5배, 폐암은 3.8배, 후두암 3배, 방광암은 2.2배, 구강 인후암 1.7배, 위암 1,6배, 췌장암 1.6배, 간암 1.5배 순 이었다.

한마디로 흡연은 신체 각종 기관에 암을 불러올 수 있다는 것이다.

2. 심혈관계 질환

담배는 피하에 퍼져있는 혈관을 좁히게 만든다. 흡연을 하였을 경우 혈액 속의 콜레스테롤 농도가 증가되고 혈압이 올라가게 되어 결국 심장계통 질환의 주 원인으로 작용하게 된다는 사실이 판명되었다.

누구든지 혼자라도 죽음을 놓고 싸워야 된다.
<기어 다니는 아기>도 자기가 할 수 있는 만큼 행하며
'독사'와 싸우는데, 왜 그 나이 먹고도
'자기 앞에 있는 것'과 싸우지 못하느냐.

3. 흡연과 발기부전

담배는 발기부전을 일으키는 주요한 원인이다. 이러한 사실은 동물실험 및 임상시험에서 이미 입증된 바 있다. 미국 메사추세츠 연구에 의하면 흡연자와 비흡연자의 발기부전 비율은 24% 대 14%로, 담배를 피울 경우는 그렇지 않은 경우보다 발기부전을 가진 확률이 거의 2배에 가까울 정도로 많은 영향을 미치는 위험인자로 밝혀졌다. 특히 흡연한 기간 및 하루 흡연량이 증가할수록 발기부전의 위험도도 더욱 증가하는 것으로 조사되었다.

담배를 피우면 음경으로 가는 동맥의 혈류가 느려지고, 음경동맥이 급격히 수축하게 된다. 또한 담배를 장기간 피우면 혈관내피와 말초신경에 장애가 생겨 발기부전을 더욱 악화시킨다. 담배를 피워 문 남자의 모습에 반했다는 여자들이 많은데, 그렇다면 과연 실제로도 흡연 남성들은 섹시할까? 정답은 '아닐 확률이 높다'는 것이다. 흡연 남성이 비 흡연남성에 비해 2배 정도 발기불능에 걸릴 가능성이 높기 때문이며 담배를 많이 피우면 음경의 길이 또한 짧아지는 것으로 입증되었다.

> 사람들은 '자기가 배운 대로, 자기가 아는 대로,
> 자기 차원대로, 자기 수준' 대로 행하고 느끼고
> 얻으면서 살아간다.

미국 보스턴 의대에서 흡연자와 비흡연자들 대상으로 실시한 음경길이 변화에 대한 임상실험에 의하면, 하루 한 갑 이상 30년 동안 담배를 피운 환자의 음경길이가 비흡연자보다 2.5mm 정도 짧은 것으로 나타났는데 , 그 이유는 담배를 피우면 음경의 신축력을 담당하는 근육이 신축기능을 제대로 발휘하지 못하게 되기 때문이라고 한다.

니코틴 흡입이 만성화되면 발기를 일으키는 해면체 조직이 직접 파괴된다. 해면체 조직도 결국은 혈관조직이기 때문에 담배에 의해 상하게 되는 것이다. 흡연을 오래 한 사람은 음경 해면체의 숫자가 많이 줄어들어 있다.

저자가 흡연예방교육과 금연교실을 운영할 때
발기분전이라고요?
음경길이가 짧아져요?
으악?
특히 중·고등학교 남학생들에게
발기분전과 음경 길이의 지식전달은
간혹 청소년에게 충격적으로
받아드려 지기도 한다.
금연에 시도 또한 정확한 정보 전달이
중요한 역할을 한다.

네가 건너고 있는 구름 다리가 20초 후에 끊어져서
대형 사고가 날 것이다. 즉시 번개 같이 뒤로 나와라

4. 소화기계 질환

가. 흡연과 위장

흡연을 하면 위산이 많이 나와, 위장 벽의 혈류 흐름을 줄어들게 만들어 위산에 대한 방어력을 떨어뜨린다. 또한, 흡연자는 비흡연자에 비해 궤양, 특히 십이지장 궤양에 걸릴 위험이 크고 일단 궤양에 걸리면 치료도 더디다.

나. 흡연과 간 기능

흡연은 간세포에 들어 있는 효소의 활성에도 영향을 주어 간에 들어온 다른 약의 대사 속도를 변하게 한다. 비흡연자의 2배 용량을 투여해야 같은 효과를 볼 수 있다.

<차>는 좋은데 <고장 난 부분> 때문에
'그 차'까지 싫어하여 버리면 안 된다.
'고장 난 부분'을 고치면 된다. <단점> 때문에
<좋은 것>까지 버리게 된다. <단점> 때문에 <그 사람>까지
버리지 말아라. '그 단점'만 버리게 하면 된다.

5. 호흡기계 질환

가. 담배 속의 독성 물질이 직접 폐포에 작용하여 폐포 벽에 신축성을 떨어뜨려 만성 폐쇄성 폐질환을 유발합니다. 만성 폐쇄성 폐질환의 약 70% 이상이 흡연과 직접 관계가 있다.

흡연을 할 경우 나이가 들면서 정상적으로 감소되는 폐활량보다 훨씬 폐활량의 감소가 심해지게 된다. 장기간 흡연은 정상 폐조직을 파괴해 폐에 기능을 하지 않는 공기주머니 같은 폐기종의 변화를 유발한다.

심평원 관계자는 "흡연자가 금연을 해도 흡연기간중에 이미 감소된 폐활량은 회복될 수 없고 흡연에 의해 파괴된 폐조직은 다시 회복될 수 없다" 면서 조기에 금연을 시행하는 것이 좋다"고 말했다.

나. 흡연자는 비흡연자에 비해 약 25배 정도 만성 기관지염이나 폐기종에 걸릴 가능성이 높다.

다. 흡연자는 비흡연자에 비해 6~9배 정도 폐암 사망률이 높다.

<단점>만 보고 버리면 안 된다. <단점>을 보완하면 빛난다.
- 사람도 그러하다.

학생들이나 성인교육시
폐기종실험은 직접 교육대상자들에게
간접체험을 하도록 저자는 항상 교육시 유도하는데
실험에 참가하신 분들의 하나같은 체험소감은
"아! 너무힘들어요!
아! 이렇게 무서운병이 걸리는군요!
정말 담배는 피우면 안되겠어요!
빨리 끊어야 겠어요!
라고 체험소감을 이야기 한다.

6. 흡연과 영양

흡연자가 충분히 섭취해야 할 영양소는 다음과 같다.

가. 비타민 A

비타민 A의 일종인 β –카로틴이 많은 녹황색 채소를 많이 먹는 사람의 경우 폐암에 걸릴 확률이 낮아진다. 왜냐하면 세포막과 유전자를 손상시켜 암을 유발하는 물질의 발생을 억제함으로써 항암 기능을 발휘하기 때문이다.

- 함유식품 – 녹황색 채소, 당근, 시금치 등

지혜는 생각났을 때 기록하는 것이다. 행하는 것이다.
확인하고 분별하고 판단하는 것이다.
지혜는 알았으면 행하는 것이다.

나. 비타민B1(티아민)

금연 후에 금단 증상으로 불안, 초조, 신경과민, 피로 등이 생기는데 비타민B1을 충분히 섭취하게 되면 증상이 완화되어 담배를 끊기 쉽게 해준다.

- 함유식품 – 현미, 통밀 등 전곡류, 생야채, 과일 등

다. 비타민C

담배를 피우는 사람은 비흡연자에 비해 비타민C를 대량 소비한다. 담배 한 개비를 피우면 체내의 비타민C가 25mg 정도 소모된다고 한다.

- 함유식품 – 풋고추, 고춧잎, 시금치, 피망, 양배추, 딸기, 오렌지, 토마토, 키위 등

네가 그 속도로 계속 운전하다가는 곧 사고 나는데도
계속 그 속도로 차를 몰고 가겠느냐. 지금 네 삶이 그러하다.
즉시 네 인생의 운전대를 멈춰야 되지 않겠느냐

여성 니코틴 중독에 의한 피해

1. 수정 능력 저하

연구에 따르면 피임약을 복용하는 여성 중 담배를 피우는 여성은 피임약을 중단한 후에도 불임일 확률이 비흡연자에 비해 2배나 된다고 한다. 또한 흡연하는 여성은 비흡연자에 비해 자궁외 임신이 2.2배나 높게 나타났다. International Conference on Smoking and Health에서 발표된 두 편의 연구에 의하면 남자의 수정능력, 여자의 수정능력 모두 흡연에 의해 저하된다고 하였습니다. 흡연하는 남자의 경우, 정자 수가 적어지고 정자의 모양이

<고물상 주인>은 '고물'도 다 쓴다. 다른 사람들은 '고물'은 안 쓴다. <나>는 '고물상 주인'이다. <고물>로 '낫'을 만들거나 '칼'을 만들어 새것이 되게 하면 된다.

불규칙이며 운동도 비흡연자의 정자보다 뒤떨어진다고 하며 흡연하는 여자는 비흡연자에 비해 불임 가능성이 2.7배나 높다고 보고되었습니다.

성기능 불능으로 고민하고 있는 21~73세의 남자 440명을 대상으로 조사한 결과 10명중 1명꼴로 성기의 혈관이 좁아져 성기능에 필요한 성기내의 혈압을 유지하지 못한다는 사실을 알아내었고 성기동맥의 지름이 정상인보다 25% 정도 좁아들었기 때문에 피의 흐름이 원활하지 않아 성적불능에 빠지게 된 것입니다.

이 조사에서 440명중 64%가 흡연자였고 34%가 고 콜레스테롤 증세가 있었으며, 30%가 당뇨병 환자였으며 동맥경화증을 초래하는 3대 원인으로 담배, 고혈압, 고 콜레스테롤을 꼽는데 담배를 피우면 말초혈관이 수축되기 때문에 음경의 해면체로 가는 혈관의 흐름을 나쁘게 해서 성적불능에 이르는 것이다

> 어떤 자는 "생각"에는 관심이 없고 "육"만 중심해서
> "아침일찍" 떠났으나, 목적지까지 못갔다.
> 어떤 자는 "생각과 머리"를 써서 "오후"까지
> 생각하고 떠났다. 100% 미리 확인하고 떠났기에
> 해 지기 전에 목적지에 도착했다. 아침 일찍 떠난 자는
> "생각"을 안하고 "확인"을 안하고 무작정 떠났기에
> 다른 곳으로 간 것이다.

2. 임신과 출산

1980년 미국 Surgeon General Report에 의하면 흡연하는 여성의 유산 확률이 비흡연자보다 1.7배 높으며 주산기 사망도 2.16배나 높다고 하였다. 여기서 주산기라 함은 주로 임신 29주에서 출생 후 1주까지의 기간을 말한다. 또한 임신한 여성의 흡연은 태반 박리, 전치태반, 임신 중 자궁출혈, 조기양수파열 등의 위험을 야기한다.

3. 폐경 촉진

흡연은 여성의 폐경을 촉진한다는 한 연구 결과가 나왔다.

48~51세의 연령층에서는 담배를 피우는 여성이 그렇지 않은 경우보다 폐경이 더 많았다고 한다.

4. 암

1999년 헨쉬케 박사의 연구는 동일한 기간 동안 동일한 양의 담배를 피운다고 하더라도 여성이 남성보다 폐암에 걸릴 확률이 2~3배 높고, 남성에게서는 볼 수 없는 유방암과 자궁 경부암의

저마다 매일 "뇌와 생각"에서 불의를 빼라,
그러면 불의를 행하지 않는다

발생 위험이 높아진다고 한다.

5. 각종 질병에 대한 저항력 약화

흡연하는 여성은 호흡기 질환이나 심장병, 만성 기관지염 등에 걸릴 위험이 높아지고, 동맥 경화, 심장병, 중풍, 폐암에 걸릴 확률 또한 남성보다 크다. 여성 흡연자가 호흡기 질환으로 숨질 위험은 남성 흡연자의 2배, 심장마비, 중풍 등 혈관성 질환으로 숨질 위험은 1.5배 가까이 높다.

돛/15호/아크릴

<알고 벗어난 자>가 행복하다.
<모르고 벗어난 자>는 행복한 삶이어도 행복을 못 느낀다.
<행복 속>에서 '불행'을 깨달아라.
<행복 속의 불행>을 깨닫고,
아예 그런 곳으로 안 가는 자가 행복한 자다.

임산부 흡연이 태아에게 미치는 영향

Broughton Pipkin교수는 임신 기간에 중경증의 전자간증이 있는 서유럽 백인 여성 1001명을 대상으로 다기관 코호트 연구를 수행하였다. 이 그룹에서 흡연자는 34주 이전에 조산할 확률이 컸으며 저체중 태아를 더 많이 출산하였고 비흡연 여성에 비해 아기들의 부작용이 더 많았다. 흡연여성들은 자간증으로 발전할 확률이 5배나 높았다.

연구에 참여한 1001명의 여성 중

흡연한 여성의 34.8%는 34주 이전에 출산했으며 이전에 흡연을 한 여성은 26.8%, 비흡연여성의 경우는 21.3가 조산한 것으로 밝혀졌다. 또한 흡연 여성의 46.1%는 저체중아 출산 ? 전흡연여성

사람은 '귀'로 만드는 게 아니다. '행동'으로 만든다.

은 37.7%, 비흡연여성은 27.9% 의 경험이 있으며 부작용을 경험한 아기는 흡연여성에서 65.6% - 전흡연여성은 60%, 비흡연여성은 50.4%인 것으로 나타났다.

영국 심장협회 심장관련 간호사인 Ellen Mason은 "노팅햄 대학에서 행해진 이러한 연구는 우리의 심장순환계와 어린이의 건강에 대해 생활 습관의 선택이 미치는 영향을 이해하는데 중요하다. 흡연은 모체와 태아에 잠재적으로 매우 해롭다. 우리는 임신의 모든 단계에서 여성이 금연하도록 지원할 필요가 있다."고 말했다.

Broughton Pipkin교수는 "비록 최근의 연구에서 임신 중 흡연이 일반적으로 알려진 것 보다 태아에 대한 손상이 적다고 밝히고 있으나 전자간증유전학 협회 (GOPEC) 에는 흡연이 전자간증이 있는 모체와 태아를 심각한 상황에 처하게 할 수 있음을 주장

우리의 마음은 육신의 눈과 같아서 무엇을 보느냐에 따라
좌우되기에 우리들 마음이 무슨 마음을 먹느냐가 중요하다.
우리들 머리에다 된다는 단어를 마음먹고 나가면
90% 이상이 되게 되어 있고, 만일 안된다는 단어를
머리에 인식하고 믿고 나가면 90%이상이 안되게 되어 있다.
고로, 부정이냐, 긍정이냐 어느것을 믿고 행동하느냐에
따라 그 실상이 좌우된다.

한다. 금연은 이러한 손상을 최소화할 수 있다."고 말했다. "나는 임신여성이 보다 적극적으로 금연하도록 격려 받아야 한다고 생각한다. 이 연구는 그렇게 해야만 하는 많은 이유를 제공하고 있다."고 덧붙였다.

임신 중 흡연은 공중보건의 주된 문제로 인식되고 있다. 임신 여성의 30%가 흡연하고 있고 연구진은 그것이 태아의 건강 문제의 주된 원인을 제공한다고 말했다.

매년 4000명 정도의 태아가 이로 인해 사망하거나 유산, 조산하게 된다. 그리고 이것은 아동기 주의력 결핍과 학습장애와도 관련있다.

2003년 영국 웨일스 의과대학의 타파(Anita Thapar) 박사와 동료 연구자들은 의학잡지 'American Journal of Psychiatry' 지에서 유전적 요인이 자녀의 주의력 결핍 과잉행동 장애 원인의 대부분이라고 보고하였다. 그러나 임신 기간 동안 산모의 흡연은 환경적으로 주의력 결핍 과잉행동 장애의 증상들과 유의하게 관련된다는 것을 보여주었다.

사람이 "몸 차이"는 별로 안 나도 "생각차이"는 엄청나다.
"어둠"과 "찬란한 해" 같이 차이가 크다

또 다른 연구에서 연구진은 니코틴 패치 사용의 효과를 검증하기 위한 광범위한 임상을 위해 현재 1050명의 임산부를 모집하고 있다. 흡연, 니코틴과 임신에 대한 이번 임상은 금연을 원하는 모체에서 니코틴 대체 요법이 안전하고 효과적이며, 비용 효율적인지를 연구하는 것이다.

니코틴을 위시한 많은 화학성분들이 태아의 중추신경계에 영향을 주게 됨으로써 혈관 수축으로 인해 혈액 순환을 나쁘게 하여 발육에 필요한 영양 공급을 감소시킨다. 일산화탄소는 헤모글로빈과 결합하여 산소 운반 능력을 감소시켜 저산소증을 유발하므로 발육이 저하되며, 특히 뇌 혈관에 산소와 영양 공급이 저하되어 뇌의 발육이 늦어져 지적 발달이 늦어질 수 있다. 또한, 담배 연기 속에 함유된 청산(CN)화합물은 아미노산이나 비타민 B12등을 소모시켜 정상 발육에 지장을 초래할 수 있다.

아무리 죄인일지라도 죄인 취급만 하고 아무리 불의한 자일지라도 불의한 취급만 하게 되면 더 몹쓸 사람으로 더 악화되는 법이다. 고로, 죄인도 불의한 자도 그 어떤 교육보다 앞서 의인처럼 대해 주며 사랑할 때 더 의인되기 쉬운 법이다.

최근에 임산부와 흡연과의 관계에서 유의 할 만한 사실들 가운데, 임신중 흡연, 태아에 발암물질 그리고 "임신중 담배 피면 아이 당뇨병 4.5배 라는 외국의 연구결과도 보도된바 있다. 임산부가 수유기에 담배를 피면 피워도 같은 현상이 일어난다고 볼 수 있다. 임산부가 담배를 피면 모유에 니코틴 등이 함유되어 분비되므로 그 위험성은 앞에서 언급한 것과 같을 것이며, 또한 그렇게 보면 간접흡연도 위험하기 짝이 없다.

고요한 밤/15호/아크릴

머리를 짧게 깍아도, 잘 잘라도 몇 달 가면 또 긴다.
점점 매일 길어 내려간다. 아무리 단장해도
아름다움이 계속 가는 것이 아니다.
다시 또 하고, 다시 또 꾸미는 것이다.

술(알코올)이란 무엇인가

우리나라 초등학생시기 가장 많이 접한 해로운 약물 중 으뜸은 바로 알코올이다.

음주폐해예방교육을 진행하면서 이미 술맛을 아는 학생들을 대할 때 술을 마시게 된 동기 파악 중 가장 우려할 만한 부분이 바로 부모님의 인식관이였다.

술에 대한 관대한 생각이 우리 아이들에게 엄청난 피해를 주고 있는 것이다.

한번 맛을 본 그 알코올의 맛은 나는 이성적으로 잊었다 할지라

> 노래하는 자가 곡을 못 맞추고 노래하면 엉망이듯 인생도
> 생활 리듬을 못 맞추고 살면 피곤하고 삶이 엉망이다

도 "우리의 뇌"는 잊지 않기 때문이다.

부모님들은 분명 알아야 한다.

내가 우리아이게 따라 준 그 술이 우리아이의 미래에 미칠 수 있는 엄청난 숨은 파워를 말이다.

알코올은 마취제와 구조적으로 전혀 다르지만 작용기전이 비슷한 중추신경억제제로 뇌의 기능을 둔화시키며 수면이나 마취효과를 나타내는 중독성이 강하고 특히 금단증상이 마약보다 더 강한 무서운 습관성 약물이다.

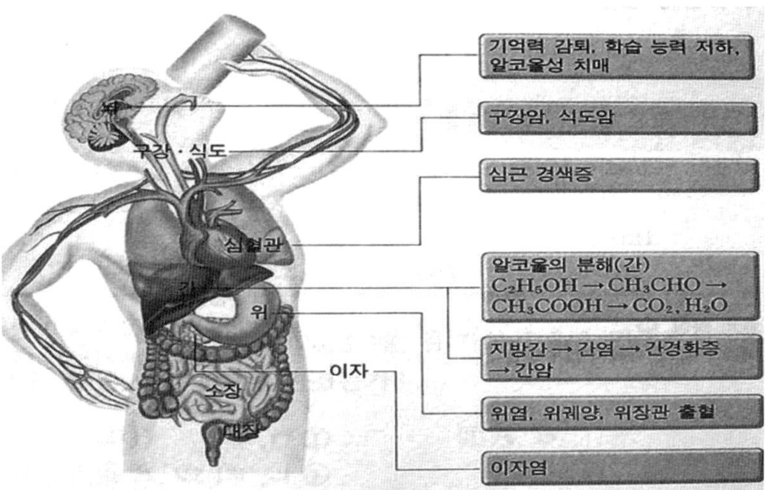

네가 크게 되려면 큰 꿈, 큰 이상, 큰 계획, 큰 행동을 하여라.

술(알코올)이란

1%이상의 에틸알코올이 포함되어 있는 음료를 우리는 술이라고 하는데 체내에서의 알코올 대사과정에서 간에서 해독할 수 있는 양은 지극히 제한적이고 특히 청소년기의 알코올 흡수에 대해서 우리 인체는 취약하다. 알코올이 우리 인체에 흡수 되면서 가장 심한 타격을 받는 곳은 흔히 간 일것이라는 생각을 하는데 그것은 잘못된 생각이다.

우리 인체에서 술로 인해 가장 심한 타격을 받는 곳은 뇌다. 사람에게 있어서 가장 핵심인 뇌의 건강을 치명적으로 저해하게 된다는 것이다.

우리 뇌 속에서는 수많은 신경다발들이 서로의 정보를 주고 받

"아는 자"는 10년, 30년, 50년 늦게 태어났어도
"먼저 태어난 자들" 보다 앞질러 간다. 알기 때문이다

으며 존재하고 있는데 이 신경다발들의 신경들을 마비 시키고, 사진 속의 모습처럼 백질의 손상을 주게 된다.

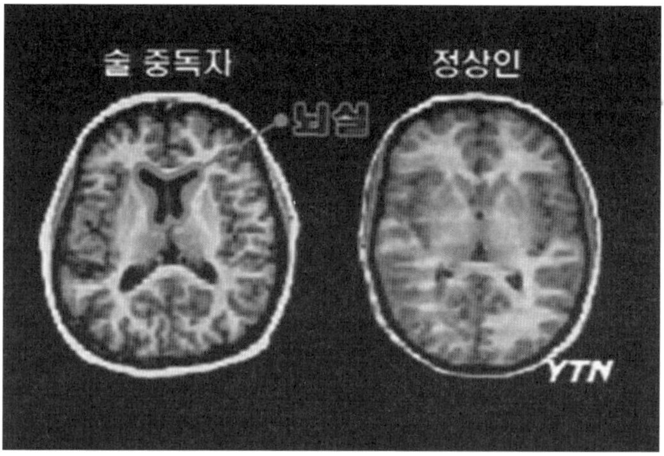

사람이 사람다울 수 있는 사고를 할 수 있도록 하는 것은 전두엽의 역할인데 전두엽 손상으로 인지능력이 떨어지고 지속적인 음주는 결국 알코올성치매로 이어지게 된다.

10대와 20대는 "앞으로 남은 시간"이 더 많다.
그렇다고 현실에서 "썩는 데"에다 시간을 다 쓰면.
시간이 많아도 쓸모 없다.

혈액 속에 흡수된 알코올의 농도에 따라 신체적, 심리적 반응이 다른데, 다량의 알코올을 단시간 내에 마시면 혈액 속의 알코올 농도가 급격히 증가하여 뇌의 조절기능이 마비될 정도이며, 사망에까지 이르게 된다.

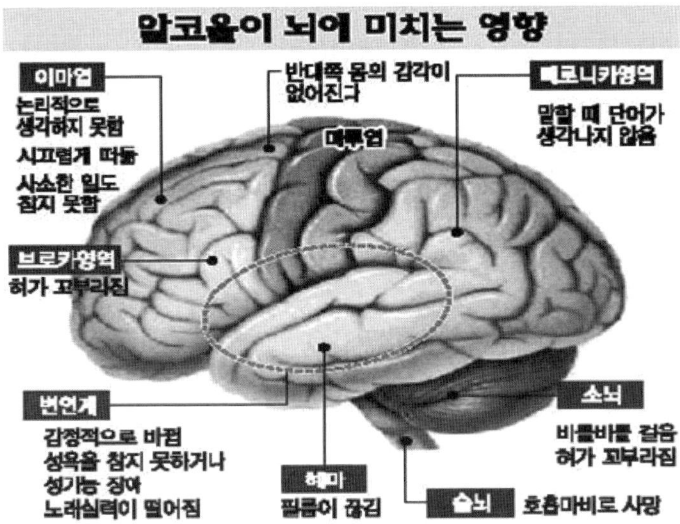

"하루의 시간을"을 계산해 보아라.
"시간"을 어디에 썼는지,
"시간"을 얼마나 귀하게 썼는지 보아라.

술(알코올)중독 과정을 살펴보자

젤리넥(Jellinek, 1952) 4단계

① 전 알코올 증상단계

이 단계에서 술을 마시는 사람이 반복적으로 술을 마심으로써 긴장이 줄어드는것을 느끼기 시작한다.

② 전조 단계

술을 마시는 동안에 일어났던 사건을 기억하지 못하는 경우가 생기고, 술에 더 접착을 하게 되며 술을 마시는 것에 대해 죄의식을 갖지만 술이 문제가 된다는 사실을 부정한다. 이 단계부터 알

아이나 어른이나 사람은 보는 대로, 듣는대로,
겪는 대로 "영향"을 받고 원하며 행하게 된다.

코올은 음료라기 보다는 약물로의 사용되기 시작한다.

③ 결정적 단계

주된 증상은 음주에 대한 통제력의 상실이다. 일단 술을 한 모금 마시게 되면 심하게 몸이 아프거나 혼수상태에 빠져서 더 이상 술을 먹지 못할 때까지 계속하여 술을 마신다. 생활의 균형이 무너지게 되고, 또한 이 단계까지 는 어느 정도 절제 능력이 유지되는 것으로 보이나, 일단 한 모금을 먹으면 절제가 어려워 지게 된다.

④ 만성 단계

술에 완전히 집착하면서 며칠씩 계속하여 술을 마셔야 하고, 알코올에 대해 내성이 생겨 금단증상으로 고통을 겪게 된다.

사고가 잘못된 자는 아무리 교육 하더라도 자기 사고
그대로 가지고 있어서 사고를 또 저지르는 법이다.
고로, 교육에 앞서 그 사람의 사고를 뽑아내고
교육을 시켜 주고 가르쳐 주어야
온전한 사고를 가지게 되는 법이다.

알코올 중독의 신호는

〈초기 신호〉

- 술 마시는 횟수의 증가
- 술 마시는 양의 증가
- 알코올의 효과를 느끼고자 하는 욕구(즉, 취하고 싶은 욕구)의 증가 등 다양한 내성의 증상들이 나타난다.

처음은 가시덤불, 그 다음은 소로길,
그 다음은 보다 좋은길, 그 다음은 아스팔트길이다.
희망을 가지고 감사하며 용기를 내어 부지런히 행하자.
그래야 보다 속히 좋은 길을 만날 수 있다.

〈중기, 후기 단계의 신호〉

- 술 마시는 데 대한 변명거리를 찾는다.
- 술을 마시지 않는 자리는 지루하게 느낀다.
- 사람들을 대하는 자신감을 얻기 위해 술을 마신다.
- 취하려고 하지 않았는데 취하게 된다.
- 긴장을 줄이거나 문제를 피하기 위해 술을 마신다.
- 첫 잔을 마신 다음에 술 마시는 것을 멈추기가 어렵다.
- 술을 매우 빨리 마신다.
- 비슷한 효과를 내기 위해서 점점 술을 많이 마신다.
- 술 마시는 것에 대해서 죄책감을 느낀다.
- 술 마시는 것에 대해 방어적이다.
- 술의 종류를 바꾸면서 술 마시는 것을 통제하려고 애쓴다.
- 술을 숨긴다.
- 술을 끊겠다고 맹세하고 그 다음에 또 술을 마신다.
- 술 마시는 것에 대해 거짓말을 한다.
- 숙 취를 없애기 위해 아침에 또 술을 마신다.

중요한 것은 의학적으로 인간의 두뇌를 볼 때 7번 이상
가르쳐 두뇌에 아주 녹화를 시켜 버려야 된다.
그러고도 뇌의 기억에, 정신에 잘 들어가 있나
확인해 보아야 된다.

- 직장에서 술을 마신다.
- 술을 마실 때는 식사를 하지 않는다.
- 필름이 끊긴다.
  (그 전날 한 말과 행동을 다음날 기억하지 못한다.)
- 술을 한꺼번에 너무 많이 마신다.
- 직장이나 집에서 자신에게 해를 입히거나 물건을 부수는 것과 같은 사고를 친다.
- 가족에 대한 책임감을 무시한다.
- 술 때문에 지각을 하거나 결근을 한다.
- 술을 마시기 위해 일찍 퇴근을 한다.
- 술 때문에 직장을 그만두거나 그만두기 일보직전까지 간다.
- 술을 마시면 사람이 변한다.
- 술 때문에 미리 계획했던 가족모임이나 사회적 활동을 빼먹는다.
- 임신 중에 술을 마신다.
- 술 마시는 것이 걱정된다.

육은 생리적 작용에 의해 육적인 세계로 자꾸 흘러가므로 영적인 세계의 길을 뚫어라 육은 세상을 보고 느끼고 붙어사니 육 중심으로 살아진다. 매 순간 마다 영적으로 가도록 마치 거액이 들어 있는 손의 지갑 같이 신경 써라

「중기 · 후기 단계의 문제가 자신이나 가족 중 문제음주의 사례가 나타나기 시작했다면 전문가에게 적극적으로 도움 요청하기 바란다.」

저자의 주변에 잇는 많은 분들이 통상 치료시기를 놓치는 경우를 종종 확인할 수 있었다.

가족들의 빠른 판단이 알콜중독의 치료도, 예방도 쉽게 할 수 있는 원동력이 있다.

치료시기를 놓치는 것은 마치 암으로 이야기해준 말기까지 그냥 방치하는 것과 같아서 이미 중독의 높으로 빠졌을 때는 후회! 만이 남게된다.

구원자의 눈/15호/아크릴

10m 앞에 깊은 함정이 있는데 눈을 감고
계속 걸어가겠느냐. 어서 생각의 눈을 떠라!

여성 알코올 중독

알코올 중독 남녀 비율은 5:1 정도로 남자에게 더 흔하나 이 비율은 연령에 따라 차이를 보인다. 여성은 남성에 비해 나이가 든 다음에 술을 많이 마시기 시작하며, 술로 인한 문제가 인생 후반기에 발생한다. 또한 알코올의존이 나타나면 매우 급속하게 진행이 된다. 그런데 평균적으로 여성은 남성보다 술의 효과가 즉각적이고 더 강하게 오랜시간 동안 나타난다.

여성 알코올 중독자들은 일반적으로 우울문제가 많고, 자살시도 횟수도 더 많으며, 중요한 사람과의 관계에서 학대를 당하는 경우가 더 많이 나타나기 때문에 남성과는 다른 독특한 접근법이 요구 된다.

> 인간이 스스로 깨달은 것이 뇌의 작용에 의해
> 보이는 것이 있고, 전혀 생각지 않은 것도
> 뇌의 작용에 의해 보이는 것이 있다.

청소년기 음주

미국의 한 연구기관의 발표에 따르면 만 14세 전에 음주를 시작하는 경우 성인이 되어 문제 음주의 가능성이 7배이상 높아진다고 하였고. 특히 청소년기에 술을 마시는 경우는 뇌기능장애, 위장장애, 간장장애 등의 부작용 이외에도 다른 해로움도 많아 머리끝에서 발끝까지 해가 되지 않는 곳이 없을 정도이다. 그리고 좀 더 위험한 약물을 사용할 가능성이 높아지며(이를 통로약물이라 합니다), 무단가출, 폭력행위, 절도, 기물파손과 같은 문제에 빠질 가능성이 높고, 이로 인해 결국에는 다양한 정서적, 사회적 기술을 배울 수 있는 기회가 적어지게 된다.

미련한 자도 보여 주면 알게 되고 마음이 돌아간다.
소경도 만지게 해 주면 실감하고 인정하며 따라 온다.

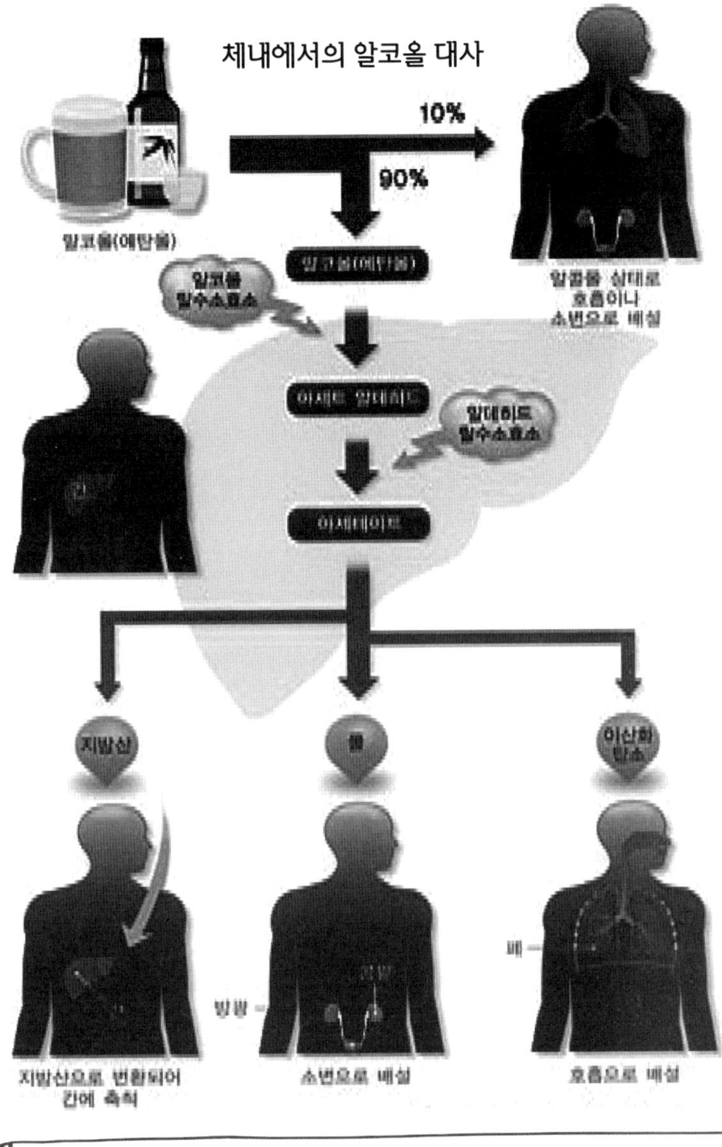

10대가 40대에 할 일을 알고 행하면,
20년을 앞질러 가는 것이다.

청소년기 음주에서 볼 수 있는 또 다른 특징은 술의 폐해와 부정적 결과에 대한 인식이 부족한 상태에서 지나친 음주를 하게 될 경우 신체에 심각한 악영향을 미친다는 것이다. 생리학자들은 술에 영향을 받지 않는 신체 부위란 없다고 말하는데 특히 뇌 활동, 소화기 계통, 신경 계통, 순환기 계통 등 신체는 술에 매우 민감하다.

성장 과정 중에 있는 청소년의 신체 기관들은 특히 술과 같은 약물에 저항력이 상당히 약한 동시에 청소년의 심리적 특성 중 하나로 아무리 좋지 않다는 지식을 알려주어도 자기 자신에게는 적용하려 하지 않는 경향이 크다. 즉 신체는 알코올의 영향에 무방비로 노출되어 있지만, 심리적으로는 이러한 사실을 부정하게 된다는 것이다.

음주 상태에서 일어날 수 있는 사고의 위험과 부정적 결과에 대한 현실적 판단이 부족하며, 많은 경우 알코올을 매개로 흡연이나

> 하늘의 계시와 전혀 상관없이 마치 사람이 동으로 서로 제 마음대로 볼 듯이 뇌의 작용에 의해 제 마음대로 이것 저것들이 영안으로 보이기도 하고 자체 의식이 형상으로 보이기도 한다. 이 같은 것들은 하늘의 계시와 상관 없고, 자신이 어떤 것을 깨달으려 해도 깨달아지는 것이 아니므로 아무 상관이 없는 것이다.

다른 약물의 접촉 가능성이 배가 되기도 하는데 실제로 거의 모든 문명국가에서 음주에 법적연령 제한을 두고 있는 사실이 이러한 우려를 보인다. 청소년 음주는 더는 개인 선택의 문제가 아닌 사회 문제로서 사회적인 개입이 요구되는 문제이다.

생명의 속삭임/15호/아크릴

급한 화장실 먼저 가기다. 화장실이 급한데 참고 있다가 10분 후에나 화장실에 갔다. 갔다 오니, 천리 길을 가는 열차는 떠난 후였다. 계획한 일이 헛일이 되었고, 계획한 것이 깨졌다. 먼저 할 일을 먼저 했으면 여유 있게 했을 것이다. 지혜는 옳은 판단이다.

알코올 폐해에 대해 알아보자

알코올로 인한 신체적 위험 요인은 뇌 뿐만 아니라 위에서 밝힌 바와 같이 영향을 미치지 않는 기관이 없다. 특히 우리나라의 40~50대 남성 1위 사망원인으로 뽑힌 간암이나 간질환은 세계 최고 수준에 이다.

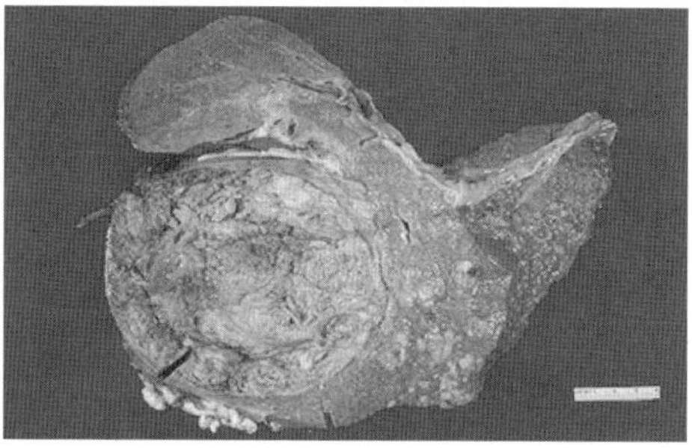

"시간"은 그 때 못 쓰면, 그냥 지나가 버린다.
"시간을 잘 쓰는 달인"이 되어라.

최근 남학생들의 음주와 더불어 여학생들의 음주가 늘어나고 있는데 여학생의 음주로 인한 폐해 또한 심각하다. 남자보다 대사율이 낮은 여성 음주는 보다 더 취약할 수 밖에 없는데 특히 여성의 경우 생명을 잉태하고 낳는 인류의 존재유무를 결정짓게 되는데 여성의 음주로 인해 발생되는 문제는 태아에게 직접적으로 영향을 준다는데 문제가 심각하다.

그 대표적인 사례로 태아알코올증후군이다. 엄마가 마시는 술로 인해 발생한다. 또한 태아알코올 스팩트럼증후군으로 우리나라뿐만 아니라 전 세계적으로 여성의 사회진출이 일반화 되므로 인해 가임기 여성이 자신이 임신인 사실을 모른 채 마시게 된 알코올로 인한 태아가 받는 치명적인 악영향이 태아 기형형(태아알코올증후군)을 유발하거나 직접적인 기형은 아니지만 일반적으로 ADH형 아이들이 많아지는 등(스팩트럼증후군) 심각한 휴유증사례는 외국의 연구 사례가 많다.

흡연과 알코올(술)은 인체에 치명적인 악영향을 미치는 약물 중에서도 굉장히 무서운 약물이다. 혹여나 딱 한번만! 이라는 생각으로 해 볼까? 라는 생각마저도 안 된다는 것을 다시 한번 이야기

> 사람의 뇌는 입력되어 있으면 그것을 꼭 행해야 된다.
> 참기만 한다고 되겠느냐!!
> 그 주관권에서 나오면 능히 이긴다. 끊어야 이긴다

하고 싶다.

2006년 전영민 연구 결과 18세 이상의 음주자 중 해롭지 않은 음주를 하는 사람은 77%이며, 알코올 남용과 같은 해로운 음주를 하는 사람은 20%, 의존자는 2%정도임을 연구 결과 발표했다.

음주폐해 예방교육을 진행해 온 저자는 최근 3년 사례를 통해 음주에 대한 심각성을 다시 한 번 더 강조 하고자 한다. 경기도 모 지역의 보건소 담당 직원과 함께 그 지역 초등학교 4학년들을 대상으로 음주예방교육을 진행하면서 설문을 통해 알아본 결과, 초등학교 4학년 중 어떠한 이유에서 건 음주의 경험유무에 대해 살표 본 결과 각 반에서 약 70%정도가 음주경험이 있는 것으로 파악이 되었다. 음주 경험이라고 해서 심각한 경험이 아닌 한번이라도 마셔본 결과치이다. 대부분 호기심에, 때로는 제사때, 때로는 부모님들이 술자리에서 학생들의 요구에 맛만 보라는 형식의 술맛을 부모 스스로가 가르쳐 준 결과이다.

<보화>는 멀리 있지 않고, 네 뇌와 생각에 있다.
먼저 네 생각에서 보화를 찾아라.
그래야 땅에서도 보화를 찾는다.

특히 우리나라는 다양한 술의 접근성이 양호 하다 보니 자연스럽게 술을 접하게 되는 것이 문제이다.

중요한 것은 그 술 맛을 학생들이 기억하고 있다는 것에 저자는 핵심을 두고 있다. 바로 "뇌" 에 술의 길이 나게 되는 것이다. 이것이 중독의 출발점이다.

한번 뇌에 길이 난 이상 그 길은
영원히 지워지지 않는 다는 것이다.

이후 끊임없는 자신과의 싸움이 시작된다.

뇌가 살아 있는 한!!!평생 싸움의 시작을 우리가 시작하게 해버린 결과이다.

<자기에게 필요한 보화를 찾아라.
남들이 (보화)를 다 가지고 간다고 생각하지 말아라.
"그 사람에게는 보화가 아니라서 버린것도 있다.
그것이 너에게는 보화가 되기도 한다.

청소년 약물 남용의 초기 증상들을 살펴보자

청소년들의 약물 사용은 대부분 단순한 호기심으로 시작한다. 그들은 자라면서 주위의 어른들이 술을 마시는 것을 보기도 하고 TV나 영화에서는 술이나 마약의 복용을 지나치게 매력적으로 나타내고 있다. 청소년들은 술이나 마약을 복용하면 기분이 어떻게 변할까? 궁금해 하거나 사람들은 누구든지 술이나 약물을 복용하는 것이라고 생각하게 된다. 약물의 문제는 조기에 발견하여야만 극복하기가 쉬워진다. 만약 자녀가 술이나 약물을 복용하고 있다는 의심이 들면 자녀들을 잘 관찰할 필요가 있다.

> 음식도 알고 먹고, 물건도 알고 사야된다.
> 모르고 행하다가 그로 인해 해를 당하게 된다.

청소년들의 약물남용 초기증상은 대체로 다음과 같다

첫째, 일이나 공부에 집중하기 어려우며 결석을 자주하고 숙제를 잘 하지 않는다.

둘째, 가족이나 친구들에게 무관심해지며 남의 눈치를 살피는 등 집에서의 생활 태도가 변하다.

셋째, 늦게 귀가 하거나 부모 또는 선생님과 마주칠 때 시선을 피하고 대화를 하지 않으려고 한다.

넷째, 사람들을 피하거나 창고와 같은 음침한 곳을 자주 찾으며 방문을 잠그고 방에서 잘 나오지 않는다.

차를 타고 달리면서 스릴을 느끼며 흥분되면,
사고 나는 것은 생각을 안 한다.
고로 죽음도 사고도 생각하지 않고,
누가 큰일 난다고 하지 말라고 하면 이해를 못한다.

다섯째, 기억력, 주의력 및 집중력이 감소하고 거짓말, 핑계, 책임회피, 등 자기합리화를 위해 노력한다.

여섯째, 책가방이나 호주머니 등에서 약물이 발견되며 본드나 니스 냄새가 난다.

일곱째, 평범한 일에도 짜증을 내는 등 비정상적으로 화를 내거나 성격이 급해지며 비밀이나 적대감이 증가한다.

여덟째, 과외활동이나 취미 생활에 대한 흥미가 없어진다.

아홉째, 신체적으로 허약해진다.

열 번째, 눈의 동공이 심하게 흐려 있거나 커져 있으며 눈이 충혈되어 있다.

열 한번째, 집에 있는 물건을 내다 팔거나 돈을 훔치며 용돈을 자주 요구한다.

열두번째, 이유없이 친구에게 돈을 자주 빌린다.

열세번째, 약물에 대한 이야기를 하면 갑자기 화를 낸다.

열네번째, 약물을 사용하는 친구들과 잘 어울린다.

> 사람은 자기가 좋아하는 것, 자기가 수고하고 투자하여 만들고 기른 것은 마치 차에 시동이 걸리듯이 뇌에 시동이 걸려서 기뻐하고 흥분되어 전심으로 좋아하며 행한다. 다른 사람은 그것을 보고 이해를 못한다.

약물남용 청소년 가족의 특성을 살펴보자

가장 대표적인 몇 편의 연구결과를 먼저 소개하도록 한다. 이 분야에서 가장 유용한 조사연구는 아마도 Bry, McKeon, Pandina(1982)에 의해 수행된 연구일 것이다.

그들의 연구에서 파악된 위기요인들은 낮은 학문적 성취/동기, 가족단위 구성부분, 종교가 없음, 처음 알코올사용(가족외부에서)의 연령이 낮음, 심리적 곤경, 낮은 자존감, 부모 사랑의 부족 등이었다.

최근 우리나라 비행 청소년들의 대다수는 가족내에서의 적절한

악을 가까이 하지 말아라. 너도 악해질까 염려 된다.

훈육과 교육이 이루어지지 못하는 것으로 파악이 되고 있다. 이 연구결과는 위기요인의 수와 약물사용의 정도의 사이에 매우 유의한 관계가 있다는 것을 제시 한다.

Jellinek's는 "알코올중독은 가족병이다"라고 하였다. 그 이후 알코올 중독가계에 대해 많은 연구가 있어 왔는데 거의 대부분의 연구에서는 일반인보다 알코올 중독자의 집안이나 친척들에게서 알코올중독이 훨씬 많이 발견되다고 보고되어있다.

Newcomb, Maddahian, Bentler(1982)는 4년에 걸쳐 고등학생들을 대상으로 약물사용의 위기요인들을 검증했다. 성인들의 약물사용에 대한 인지, 동료의 사용, 낮은 학교성적, 부모와의 관계불화, 낮은 자존감, 우울, 자극적 행동의 추구, 고상하고 특이한 경험에 대한 열망, 종교성 부족, 조기 알코올사용, 일탈에 대한 관용이 위기요인으로 제시되었다. 이들은 약물의 빈도와 양이 많을수록 위기요인의 수도 많다는 것을 발견했다.

Maddx와 Desmond(1981)는 아동기때의 역기능적인 가족경험 또는 사회적 경험, 약물남용의 가족적 전염(학습 등을 통한), 유전

"생각화"가 되어야 한다. "생활화"가 되어야 한다.
"체질화"가 되어야 한다.

적 요인, 성격(곤경에대한 낮은 인내력, 반사회적 태도, 만성적 불행감), 약물에 대한 접근성, 친구의 영향 금단증상이 올 때 약물사용을 함으로써 고통을 감면하는 데서 오는 강화, 습관, 통제력 상실 등을 들고 있다.

약물남용 청소년 가족의 특성을 좀 더 명확히 설명하기 위해 크게 2가지인 생물학적 요인, 가족변수 요인으로 구분하여 검토해 나가도록 하겠다.

1) 생물학적 요인

아직까지 확실한 유전적 인자를 파악하지는 못했지만 많은 연구들은 알코올중독에는 유전적 특성이 있다는 증거들을 제시해 왔다. 이러한 연구들을 요약해 보면 다음과 같다

(1) 알코올 중독이 유달리 많이 발생하는 가족이 있다(Cotton, 1979), 1960년 Rhydelius와 Nylander등은 알코올 중독자의 자녀들에 대한 연구에서4~12세 사이의 알코올중독자들의 자녀

> 썩는 물에서 나와야 몸에서 냄새가 안 나고,
> 같이 썩지 않는다.
> 참아서는 해결이 되지 않는다. 거기서 나와야 된다.

(Children of Aocholics:COA)229명과 정상아동 163명(대조군)을 대상으로 20년 이후의 상황을 추적하였다.(1981년, 스칸디나비아). 이 아이들의 경우에는 보통의 아이들보다도 더 많은 사회적 지지를 받았음에도 불구하고 중독자 자녀들의 35%가 알코올 남용과 관련된 금주단체에 가입하고 있었다(정상아의 경우에는 20%). 반면 여자아이의 경우에는 6%와 1%이었다. 범죄를 저지른 것은 42%(COA)와 25%(대조군)이었으며, 여자아이들의 범죄기록은 각각 6%이었다. 특히 중독증이 심한 부모의 자녀일수록 난폭한 행동을 많이 보여주었다.

알코올중독자들의 자녀에 대한 20년 추적조사

구 분	아버지가 중독일 확률	어머니가 중독일 확률
알코올중독 대조군	27.0	4.9
정신과적 질환	9.9	1.8
일반 의학적인 질환	5.2	1.2

※ 자료출처: 김성이, 약물중독총론 2002:p86.

알코올중독의 유전과 관련된 이론 중에서 한 가지 흥미로운 사실은 알코올중독자의 첫 세대인 부모나 형제가 중독의 위험성을

참지 말고 벗어나야 될 때가 있다.
이때는 벗어나는 것이 사는 방법이다.

가질 확률이 20%인데 반하여, 위험률이 더 낮아야 할 두 번째 세대인 손자 및 손녀 대에서의 위험률도 비슷하다는 사실이다. 이에 대한 이론적 배경은 알코올중독자의 자녀들은 알코올 문제를 가지고 있는 사람들을 배우자로 선호한다는 관점이다. 여러 연구에 의하면, 알코올중독자 배우자의 33%가 알코올중독이며, 알코올중독자와 결혼하는 여성 자신의 25%가 알코올중독자라는 것이다.

(2) 일란성 쌍생아의 경우 한쪽이 알코올중독에 걸리면 다른 쪽도 걸릴 확률(53.5%)이 이란성 쌍생아(28.3%)보다 높다(Kaij, 1960). 일반적으로 일란성 쌍생아의 유전자는 일치율이 100%이고, 이란성 쌍생아의 유전자 일치율은 50%라고 한다. 1960년 스웨덴의 Kaji등은 174쌍의 남자 쌍둥이들의 비정상적 음주습관들을 조사한 결과, 술을 전혀 마시지 않는 사람들과 만성 중독인 사람들까지 5등급으로 분류하였을 때, 일란성 쌍생아들은 53.5%가 비슷한 음주양상을 나타내었고, 71.4%가 만성 알코올중독자이었다. 이란성 쌍생아의 경우는 각각 28.3%와 32.3%이었다.

사람의 생각은 마치 몸의 신경과 같아서
자극하는 대로 자극이 되는 것이다.
그와 같이 마음도 자극하는 대로 자극된다.

(3) 양자-1945년 미국의 Roe와 Burks등은 아버지가 알코올중독인 36명의 양자들을 조사하였는데 이 중 10명(28%)이 알코올중독이 되었다. 반면, 아버지가 알코올중독이 아닌 25명의 양자 중에서는 단지 2명(8%)만이 알코올중독이 되었다. 1978년 미국 아이오와 주의 Cadoret와 Gath등의 연구에서는 부모가 알코올중독이었던 6명의 성인 양자 중 2명(33.3%)이 알코올중독이었고, 부모가 정상이었던 78명의 성인 양자 중 1명(1.2%)만이 알코올중독이었다. 또, 1973년 스카디나비아의 Goodwin등은 알코올중독인 부모의 자녀들 중에서 양자로 보낸 아이들과 양자로 보내지 않은 아이들이 후일에 어떻게 변하는지 조사하였다.

양자로 보낸 아이들 55명 중에 18%가 알코올중독이 되었고, 양자로 보내지 않은 아이들 30명 중 17%가 알코올중독이 되었다. 즉, 부모가 알코올중독인 경우에는 그 아이가 부모 밑에서 자라거나 그렇지 않거나 간에 비슷한 비율로 알코올중독이 되는 반면, 아버지가 알코올중독인 경우에는 딸을 양녀로 보내거나(49명) 그렇지 않거나(47명)간에 알코올중독이 될 확률이 2-3%로 별 차이가 없었다. 이러한 연구결과를 보면 알코올중독의 유전 성향은 남성에서 강력하며 환경적 인자는 별로 중요하지 않다고 해석할 수 있겠다.

터지기 전에 방법을 달리해라

Goodwin 등의 양자 연구 비교

<table>
<tr><th rowspan="2">진단</th><th rowspan="2">부모가 알코올이 아닌 양자
(78명)</th><th colspan="2">부모가 알코올중독으로 병원에 입원했던 경우</th><th rowspan="2">부모가 알코올중독이 아닌 양자
(47명)</th><th colspan="2">부모가 알코올중독으로 병원에 입원했던 경우</th></tr>
<tr><th>양자
(55명)</th><th>동거
(30명)</th><th>양녀
(49명)</th><th>동거
(81명)</th></tr>
<tr><td>알코올 중 독</td><td>5</td><td>18</td><td>17</td><td>4</td><td>2</td><td>3</td></tr>
<tr><td>우울증</td><td>20</td><td>15</td><td>20</td><td>15</td><td>14</td><td>27</td></tr>
</table>

※ 자료출처: 김성이, 약물중독총론 2002:p87.

이상의 연구에서 알 수 있듯이 알코올중독과 유전인자와는 상당한 상관관계를 가지고 있다. 최근에 이루어지고 있는 약물중독에 대한 연구결과도 알코올중독에서 발견되었던 내용과 거의 일치한다.

알코올중독과 약물중독사이에는 물질의 차이만 있을 뿐 기타 여러 가지 양상들은 비슷하게 나타난다. 현재까지 알려진 바로는 중독자인 아버지로부터 아들에게 유전이 가장 잘 되고, 아버지가 어렸을 때부터 법적인 문제와 연류되어 알코올중독에 이르렀고, 재발을 많이 하고 회복이 잘 되지 않을 수록 유전이 잘 된다고 한다.

하고자 하는 마음을 먹고 해야 된다

또한 알코올중독은 여자보다 남자에게 많고, 그 비율은 5:1로 남자가 더 많은데 그 이유는 체내에 수분 비율이 적고 체지방이 많아 알코올농도가 높고, 알코올 분해속도가 더 느리기 때문이다. 그러나 어머니가 알코올중독이면 딸도 알코올중독이 될 가능성이 많으며, 중독자의 딸들은 환경요인에 의하여 우울증이 많이 생긴다고 한다. 유전적 요인으로 인종간의 차이를 들기도 하는데, 유태인과 중국인의 중독 성향이 적고, 아일랜드인에게 많으며, 동양인에 비해 서양인이 약물중독 유병률이 높고, 중국인에 비해 한국의 유병률이 높다.

알코올중독자와 알코올중독이 아닌 대조군 부모의 알코올중독 유병률

대 상	알코올중독자의 자녀들 (229)		정상 아동들(163명)	
	아들	딸	아들	딸
금주동맹 가입	35	6	20	1
범죄기록	42	6	25	1

※ 자료출처: 김성이, 약물중독총론 2002:p85.

핵은 전체를 가지고 있다

이 가운데 한 연구를 좀 더 자세히 설명하면, 1981년 덴마크에서 입양아들을 대상으로 연구를 진행하였는데, 알코올중독자의 아들은 비알코올중독자 양부모하에서 양육되었을지라도 알코올중독자가 된 확률이 비 알코올중독자 양부모하에서 양육되었을지라도 알코올 중독자가 된 확률이 비알코올중독자의 아들들보다 4배나 높다는 결과가 나왔다 (Goodwin, 1981a,1981b).

또한 여성 알코올중독은 부분적으로 유전이 원인이라는 지적도 있다. 스웨덴의 여성 입양아에 대한 연구에서 어머니가 알코올중독인 여성 입양아들은 그렇지 않은 여성 입양아보다 알코올중독에 걸린 수가 3배나 더 많았다(Bohman, Sigvardsson, & Cloninger, 1981)

유전자를 밝히려는 노력 속에서 소위 "도파민 D2 수용유전자(Dopamine D2 receptor gene)"가 거론되고 있지만 아직 논쟁의 여지가 많다. 이러한 확실한 유전자를 차지 못하고 있기 때문에 유전적 요인이 약물중독의 호가실한 요인이라고 설정하기는 시기

사람들은 자기 느낌, 자기 흥분세계에 빠져 산다.
그래서 자기가 그것을 하다가 사고가 날 인것지,
그것이 나쁜지 감지를 못하다.
그리고 누가 나쁘다고 하면 이해를 못한다.

상조이다. 다만 유전적 요인과 약물남용 사이에 통계적 유의성만이 제시되고 있을 분이다(McNeece and Dinitto, 1994)

한편 몇몇 학자들은 신경전달물질의 결핍으로 인한 뇌의 역기능이나 신진대사의 불균형이 알코올중독으로 이끈다고 주장하기도 한다(Lundquist, 1971; Cantwell, 1972)

약물중독의 생물학적 요인에 대해서는 신중할 필요가 있는데, 이는 많은 연구에도 불구하고 그 요인들이 원인인지 결과인지를 밝히지는 못했다는 것이다. 오랜 기간 동안의 약물사용 결과로서 그 요인들이 발생했을 가능성을 배제할 수 없는 것이다.

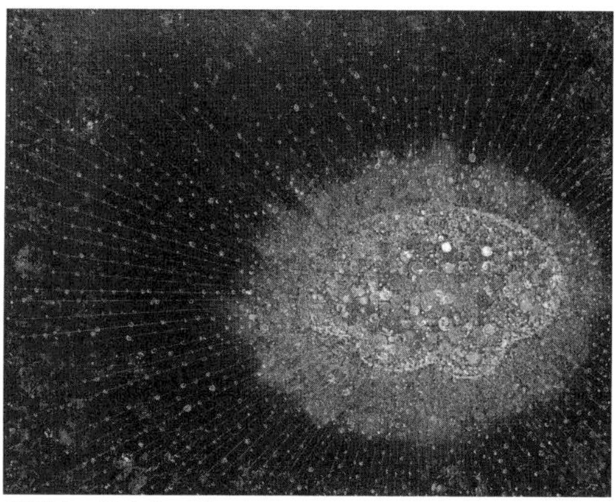

환희/15호/아크릴

시계도 200여개 모든 부속품이 하나 되어야
작동하며 쓰여지는 것이 아니냐

2) 가족변수

많은 가족요인들이 약물사용에 영향을 준다. 아마도 가장 중요한 요인은 부모의 약물사용이다. 많은 임상가들은 부모가 약물을 사용하는 경우 자녀들도 약물을 남용하는 경우를 많이 보아왔다. 이 변수는 여러 가지 측면을 생가하게 하는데, 유전적 성향 때문인지, 부모의 모델행동을 자녀가 본받아서인지, 또는 약물로 인한 가족 상호작용 양태 때문에 청소년이 영향을 받는지 등을 고려해 보아야 한다.

앞의 생물학적 요인에서 검토한 대로 그 동안 알코올중독과 유전적 요인간의 관계를 증명하는 많은 연구가 시행되었다. 알코올 중독에 관한 모든 연구는 일반인의 가족에서보다 알코올 중독자의 가족이나 친족에서는 알코올중독자의 출현율이 높다는 것을 보여 주었다.(Goodwin, 1981a, 1981b).

그러나 단순히 유전 외에 다른 요인들이 영향을 끼친다. 부모가 지속적으로 약물을 사용하는 정도가 자녀들의 약물사용에 영향을 준다가고 한다. (Biddle, Bank, & Marlin, 1980; Forster, 1984; McLsughlin, Baer, Burnside, & Pokorny, 1985). 약

지혜는 판단이다. 지혜는 하늘로부터 온다.

물사용행동을 모델링하게 되면 그 행동이 나쁘다고 세상 사람들이 말한다고 해도 그러한 행동을 너그럽게 봐주게 된다. 청소년들은 들어온 것보다는 직접 보고 경험한 것을 더 믿으려 하기 때문이다. 덧붙혀 어른들이 약물을 사용할 때 청소년들은 그 약물사용을 "어른들의 행동"이라고 해석한다. 그리고 청소년들은 그런 다양한 어른들의 행동을 시도해 보고 싶어한다. 부모의 역할이 청소년의 친구들보다 더 영향을 미칠 수 있다는 것을 기억해야 한다 (Rosenberg, 1969)

한편 부모들이 약물을 사용하게 되면 부모로서의 재정적이 어려움이나 정서적 지지 등 양육기능에 결함을 갖게 된다. 이로 인해 아이들은 분노, 공포, 외로움, 불안정감을 겪게 되고 이러한 정서적 어려움이 청소년을 약물남용의 위기로 몰아 갈 수 있다

한 연구는 청소년 약물남용은 부모와의 역기능적 관계형성과 연관되며 심리적 독자성 성취과정에서 발생한다고 결론 내렸다 (Spotts & Shontz, 1985).

깊이 내려가면 "계곡의 물"이 더 흐른다.
더 내려가면 "냇물"이다.
더 내려가면 "강물"이다.
더 내려가면 "바닷물"이다.
이와같이 한차원 더 가면 딴 세상이다.

각종 조사연구들은 부모와의 정서적 거리감(Gorsuch & Butler, 1976; Pandina & Schuele, 1983; Stoker & Swadi, 1990), 사랑이 부족하다는 인식 (Norem-Hebeisen, Johnson, Anderson, & Johnson, 1984)이 약물사용을 시작하고 계속하도록 하는데 중요한 역할을 한다고 지적한다.

15~16세의 청소년들에 대한 한 연구는 청소년들이 부모와의 관계형성에 대해 어떻게 지각하고 있는지를 물었다.

약물사용자들은 비사용자에 비해 자신의 가족은 거리감이 있고 관심이 없으며 대화가 부족하고 신뢰하지 못하며 처벌적이라고 인지했다.(Stoker & Swadi, 1990).

이 외에 청소년 약물사용과 연관된 가족 상호작용 행태로는 부모의 지도감독의 부족, 비일관적인 가족규범, 부정적인 대화패턴, 칭찬의 부재를 들 수 있다(Hawkins, Lisher, & Catalano, 1987). 이러한 연구와 관련해 우리나라에서의 한 연구는 최근 들어 부모의 맞벌이로 인해 청소년이 부모와 유리되어 혼자 보내는 시간이 많고 용돈이 충분히 주어지는 것도 청소년의 약물남용과 연관이 있는 것으로 나타났다고 지적하였다.

생각이 목적이 아니라 행함이 목적이다

위에서 언급된 여러 가지 내용들을 정리하여 보면 약물을 남용하는 청소년 가족의 특징은 가족 구성원 사이에 애정적인 유대관계가 부족하고 구성원간의 경계가 너무 뚜렷하여 가족 전체의 화목도와 친밀도가 떨어진다. 부모 특히 아버지의 사랑을 많이 느끼지 못하는 경우가 많으며 대부분의 부모가 권위주의적이고 자녀와의 의사소통이 결여되어 있는 경우가 많다. 가정 내에서 발생하는 문제가 자연히 해결되는 경우가 매우 적으며 또래 집단의 영향력이 부모보다 더 크다고 생각한다.

또 약물남용에 대해서도 부모로서는 어쩔 수 없다고 생각하여 자포자기하는 경향이 있다. 일반적으로 부모들은 약물남용이 나쁜 것으로 생각하고 자신들도 약물을 사용하지 않는다. 그러나 상당수의 부모들은 술을 마시거나 담배를 피우며 약물을 사용하는 것이 나쁘다고 생각하면서도 자신들은 술, 담배와 약물을 사용하는 경우가 많다. 부모들이 어려운 문제에 직면했을 때 그 문제를 직접 해결하지 않고 약물이나 술에 의존한다면 그 자녀들도 문제해결의 방법으로 약물을 남용하게 될 것이다.

> 사람은 어떤 일이 잘 안 되어 쓰러지고 넘어졌다고
> 실패하는 것이 아니다. 쓰러지고 넘어졌다가 일어나느냐,
> 못 일어나느냐가 문제다.
> 또 얼마만큼 "빨리" 일어나느냐가 문제다

부모들은 정서적으로 불안정한 시기에 있는 자녀에게 보다 많은 관심을 기울이고 또한 자녀와의 격이 없는 대화를 통해 자녀의 고민을 이해하도록 노력해야 할 것이다. 또 술이나 담배, 약물의 남용에 있어서는 무엇보다 부모가 자녀에게 모법을 보여야 할 것이다.

약물중독의 문제가 나타나는 가족의 형태는 첫째, 한부모가정, 둘째, 조부모가정, 셋째, 맞벌이가정, 넷째, 소년소녀가정에서 많이 나타나며, 약물중독의 원인을 분석하여 보면, 사회환경 요인은 지나친 생존 경쟁, 사회적 스트레스, 대안놀이 문화 부족, 건강한 정보문화 미형성으로 나타나며, 가정환경 요인으로는 부모의 중독성향, 부모 양육태도, 가정 해체, 애정 및 시간관리 소홀을 들 수 있다.

이런 이유들로 인하여 중독예방교육에 있어 부모예방교육이 절실한 이유라고 할 수 있다.

어린아이를 그냥 놔 두면 자기 생각대로 산다.
이야기해 주고 가르쳐 줘야 가르쳐 준 자의
"생각 대로" 하게 된다. 힘든 것도 좋게 가르치면,
뇌에 "좋게" 입력되어서 행하게 된다.
사람은 아는 것들 중에서 "좋은 것"을 우선으로 하게 된다.

아버지가 어머니를 매일 때리는 걸 보면서 어쩔 줄 몰라 한다거나 부모님 중 한분이 친부모가 아니라는 등의 이야기를 누구에게 가서하겠는가? 다음으로 약물을 사용하는 이유 가운데는 자신이 부딪히는 삶의 어려움을 생산적으로 해결하는 방법을 잘 모를 때 어려움을 피하기 위해 약물에 매달리는 경우를 볼 수 있다. 이때 친구들은 자신이 의식하든 못하든 이런 삶의 짐을 함께 나눌 수 있는 가장 좋은 대상이다. 그래서 친구들과 보내는 시간이 기다려지고 지나치게 친구들에게 의지하게 되며, 이때 친구들이 약물를 권하면 뿌리치지 못하고 마지못해 시작하는 경우도 있다.

실제로 약물을 사용하는 이유로 가장 많은 이야기하는 것은 약물을 하면 재미있다는 것인데, 이는 건전하고 재미있게 놀 수 있는 방법을 잘 모르기 때문에 나타나는 현상이다. 마지막으로 다른 친구들은 뭔가 자신의 미래를 위하여 공부든 직업 준비든 열심히 하고 있는데, 자신은 딱히 할 일도 결정한 것도 없고 뭘 해야 될지 모를 때, 그렇다고 공부도 되지 않고 시간만 많이 남는 친구들의 경우와 같이 남는 시간을 때우기 위해서 약물을 사용하기도 한다. 그러나 이상의 어떤 경우든 간에 자신이 처한 삶의 어려움을 약물

> 팥도 콩도 타고 나듯, 인간도 아예 유전자로 타고난다.
> 타고나는 것 + 노력과 개발이다. 타고난 것이 없어도
> 노력하고 개발 함으로 없는 것이 생기기도 한다.

로 풀려고 하는 그 순간부터 삶은 꼬이기 시작한다는 것을 명심하고, 이번 약물예방교육에서 그러한 어려움에 적극적으로 대처할 수 있도록 그 실마리를 찾아보자.

친구들에 대해 흔히 가질 수 있는 위의 일곱 가지 생각 가운데 자신의 생각과 비슷한 것이 몇 개나 되는 지 한번 세어보라. 두 개 이상 꼽은 사람은 나중에 약물을 사용할 가능성이 어느 정도 있는 사람들이고, 네 개 이상 꼽은 사람은 약물을 함께 사용하자는 친구의 제의가 들어왔을 때 거의 그 제의를 뿌리치지 못할 사람이고 볼 수 있다. 친구와 함께 하는 모든 것이 반드시 즐겁고 자신에게 도움이 되는 것일 수는 없다. 친구에게 '싫어' 라고 이야기 할 수 있는 사람이 자율적이고 독립된 한 인간으로 성장해갈 수 있다. 친구를 위해서라면 나쁜 일이라도 서슴지 않고 무엇이든 다 해주는 것이 바른 의미의 의리가 아니다. 친구와 있으면 무서울 것이 없는 것 같은 기분이 드는 것뿐이지, 실제로 친구들이 본드나 가스를 하다가 유해화학사범으로 체포되거나 건강을 심각하게 해치게 되는 신체적 위협에서 보호해줄 수 있는 능력이 잇는 것이 아니다. 친구 없이 사는 것은 죽을 맛일 수 있다.

> 상대의 계략을 알고 근신하면서 살면,
> 얼마든지 화를 피하게 된다.

가정에서 부모나 형제로부터 자신의 위치를 인정받지 못하고 따뜻한 사랑을 경험하지 못한 청소년들이 친구세계에서 이를 경험하였을 때 느끼게 되기 쉽다. 그러나 사람은 친구만으로 살 수 있는 존재는 되지 못한다. 같은 의미로, 친구는 자신의 피난처 역할을 잠시 해줄 수 는 있지만 영원한 안식처를 제공해 주지는 못한다. 마지막으로 부모와 친구를 동시에 만족시키는 것은 불가능하다고 생각하는 청소년들이 일반적으로 자신과 관계가 좋지 않은 부모보다는 친구들의 요구를 무조건 따를 때도 약물에 빠지기 쉽다.

먼저 할 일을 먼저 해야 밭에 감춰진 보화를 찾는다.

부모중독예방 교육이 가장 최우선 되어야 한다

청소년들의 중독예방에 있어서 부모 역할의 중요성을 모르는 사람은 없을 것이라 생각이 든다. 또래 집단의 위험요인에서의 상담자적 역할까지도 부모대상교육을 통해 가족 내 삶 속에서 녹아들어야 할 것이라 생각이 든다. 이에 다음과 같이 부모대상 중독예방 교육에 대한 제언을 하고자 한다. 문제를 가지고 있는 아이를 바라보면서 아이만의 문제로 여기면 큰 오산이다. 분명 문제를 가지고 있는 아이들은 이유를 가지고 있다. 그런데 그 이유를 찾아가는 가장 첫 번째는 부모에게 있다.

그러하기에 다음과 같은 내용의 부모교육이 중요하다.

그 환경과 배경에서 그 환경과 배경과 체질에
해당되는 것이 태어난다. 닭에서 달걀이 나온다.

1) 자녀에게 모범적인 생활습관을 보여준다.

자녀를 교육하는 가장 좋은 방법 중의 하나는 부모가 자녀에게 모범을 보여주는 것이다. 술이나 약물남용에 대한 자녀의 교육은 부모의 실제 생활여부에 달려있다고 하여도 과언이 아니다. 부모가 술에 취하여 흐트러진 모습을 보이면 자녀는 술을 절제할 필요가 없다고 느낄 것이다. 부모가 어려운 일이나 괴로운 일이 있을 때 그것을 술이나 어떤 약물을 복용함으로서 해결하려고 한다면 자녀도 성장한 후 그렇게 할 것이다.

부모가 음주운전을 하고 법을 제대로 지키지 않는다면 자녀도 똑 같은 행동을 하게 될 것이다. 그러나 이와는 반대로 부모가 법을 지키고 언론 매체를 통해 법을 지키지 않는 일들이 보도 될 때마다 그것은 좋지 못한 일이라고 말해준다면 자녀는 법이란 꼭 지켜야 되는 것이라는 것 을 배우게 될 것이다. 부모가 술을 마시되 적당히 마시고 흐트러진 모습을 보이지 않는다면 자녀들도 성인이 되었을 때 술을 적당히 마시는 법을 배우게 될 것이다. 그리고 부모들이 평소에 자녀들에게 주장한 가치관대로 행동 한다면 자

"한쪽"만 보고 생각하고 행하면, 문제가 생긱고
생각대로 안된다. 고로 "다른쪽"도 보면서
"두가지, 세 가지"까지 생각해야 된다.

녀들은 부모를 품위 있고 존경할 만한 사람으로 대할 것이며 자기들도 부모님처럼 해동하려고 노력할 것이다.

부모와 자녀사이의 일상 생활에서 자녀와의 신뢰 또한 너무나도 중요하다. 저자는 부모교육 때 항상 부모님들께 질문을 한 가지 한다.

"자녀들에게 약속한 것은 100% 지키고 있는가?"이다.

이 질문에 "네, 저는 우리 아이와 100% 약속을 지킵니다" 하는 부모를 5000여 건의 교육과 상담을 하면서 많이 만나뵙지 못하였다.

그래서 저자는 다시 한번 더 본 책에서 부모님들께 이야기 하고 싶다.

자녀가 100% 약속을 지키는 아이로 성장시키고 싶으시다면 부모 또한 100% 자녀와의 약속을 지켜야 한다는 것이다.
아직까지 그러한 생활을 못하신 분이라면
아직 기회는 있다.

생각으로 물건의 속과 겉을 파악하고,
사람의 속과 겉도 파악하고 투시한다.

적어도 1년 이상 지속적으로 자녀와의 약속을 100% 지키도록 하면 자녀의 인식이 바뀔 것이다. "우리 부모님은 자신과 100% 약속을 지키는 분이라는 것을…."

이렇게 신뢰관계가 100% 쌓여 있을 때 중독은 예방도 할 수 있고 치료도 시작할 수 있다.

여기서 하나 더
말씀 드릴 부분은
부모 입장에서 100% 자녀와의 신뢰관계가 아닌 자녀입장에서의 100%가 중요하다.

우리는 흔히 내가 약속을 잘 지키고 있는 줄 알고 있지만 자녀 입장에서 그러하지 않을 수 있기 때문이다.

그래서 저자는 한가지 당부를 드린다.
반드시 자녀에게 확인해 보아야 한다.
"내가 너에게 100% 약속을 지키고 있니?" 확인을 받기를…

문제를 해결하면 문제가 없어진다. 어떤 일을 하던지,
항상 "장점과 단점"이 따라다닌다.
이때 단점을 해결하면 장점만 남는다.

2) 부모는 교육자의 자세를 가져야 한다.

그렇다고 해서 자녀에게 또 다른 선생님이 되라는 말이 아니다. 여기서 교육자의 자세는 먼저는 부모가 정보를 알고 있어야 한다는 것이다.

자녀들이 술이나 약물에 대하여 자기의 주변에서 얻은 정보들은 거의 대부분이 술이나 약물을 복용하면 기분이 좋아지는 등 약물의 흥분효과와 긍정적인 것이고 편파적인 내용들뿐이다. 그들은 약물의 남용이 얼마나 위험하고 파괴적인 것인지를 듣지 못한다.

부모들은 자녀들과 함께 앉아서 약물에 대하여 대화를 하여야 한다. 그러나 준비 없는 대화는 실패할 것이다. 부모는 철저히 준비를 한 다음 대화를 하여야 한다. 약물에 대하여 감정적으로 대

"손"으로 그때마다 필요에 따라서 "모래알"도 들고
"큰 돌도 들고", "개"도 "소"도 든다.
이와 같이 "뇌와 생각"도 그때마다 필요에 따라서
적용되게 창조되어 있다. 숙달되게 연습하고 노력하면
인간이 창조된한계선까지 발달된다.
뇌도, 생각도, 손발도, 몸도 쓰는대로 적용되어
거기에 맞춰서 쓰인다.

응하기 보다는 정확한 지식이 필요하다는 것을 명심하여야 한다. 특히 많은 청소년들이 인체에 해가 없다고 주장하는 담배와 술 및 대마초가 왜 해로운지를 알아야 한다. 이런 자녀와의 대화는 한 번으로 모든 것을 해결할 수 있는 것이 아니다.

수시로 새로운 정보를 입수하여 비슷한 토론을 하도록 해야 한다. 모든 중독에 대한 정보가 너무나도 중요하다. 정보가 없는 상태에서 자녀들에게 이야기 하는 실수를 절대 저지르면 안된다.

생명의 길/10호/아크릴

자기 생각이 자기를 흥하게 하기도 하고,
망하게 하기도 한다.
자기 행위가 자기를 잘되게 하기도 하고,
고생하게 하기도 한다.
자기가 배우고, 알고, 잘하기다.

3) 행동규칙을 정하고 반드시 실천한다.

자녀를 대할 때 자신의 기분에 따라 행동규칙이 달라지게 되면 절대 안된다. 그러면 자녀들은 부모의 기분에 따라 자신의 행동에 변화를 주게 되기 때문이다. 그리고 모든 행동규칙은 반드시 가족회의를 통해 하기를 권고한다. 일방적인 부모가 만들어내는 규칙은 자녀들로 하여금 반감을 일으킬 수 도 있고, 약속을 지키지 않을 수 있는 여지를 남기게 될 수도 있다.

일주일에 한번, 한달에 한번, 정도의 가족회를 통해 가족의 행동규칙을 정하고, 반드시 그 행동규칙은 가족 모두가 함께 지켜야 할 것이다.

행위 중독의 경우 스마트폰을 자녀들에게만 밤 9시 이후 사용하면 안된다? 하면 자녀들은 부모님들은 사용하면서...라는 생각을 하게 되고 그로인해 점점 마음에 갈등 요소를 만들어 내기 때문이다.

상담사례자중 중고등학생들의 대다수 학생들이 이렇게 말을 했다. “부모님도 저와 함께 약속을 지킨다면 자신도 지킬 수 있다”고 말이다.

뇌는 생각하는 대로 시동이 걸린다.

이에 부모의 행동규칙 준수가 자녀의 행동규칙 준수를 가져올 수 있는 밑거름이 되는 것이다.

가정에서도 "가족 중 어떤 사람도 법으로 금지된 불법 약물의 사용을 금지한다. 미성년자는 담배를 피우거나 술을 마셔서는 안 된다"와 같은 명확한 일관성 있는 사용금지의 규칙을 정하고 이것을 지킬 것을 가르치는 것이 매우 중요하다. 가족 내에서 일단 규칙이 정해지면 자녀들이 이 규칙을 꼭 지켜줄 것을 믿고 있다고 강조할 필요가 있다. 이것은 호기심으로 술을 먹거나 담배를 피우는 것도 안되며, 어쩌다 친구들과 어울려 한번 해 보아서도 안된다는 뜻이다.

어떤 규칙이 효과를 발휘하기 위해서는 규칙을 위반할 경우 응분의 댓가가 있어야 한다. 만약 십대 자녀가 술이나 약물을 복용하거나 사용금지 규칙을 어겼다면 좀 더 구체적인 댓가를 치르도록 해야 한다. 막연하게 이야기하기 보다는 일정기간 동안 컴퓨터 게임을 못하게 한다든지 친구들과의 만남을 제한하는 것 등의 처벌이 필요하다. 일정 기간 동안 자녀의 자유를 제한할 경우 어떻게 하면 부모의 신뢰를 되찾을 수 있는 지에 대해서 이야기 해 주

> 뇌는 "차의 엔진" 과 같다.
> 시동은 "생각으로 건다."
> "생각" 은 키(key)다.

는 것이 필요하다. 왜냐하면 자녀는 일시적으로 신뢰성을 잃어버렸기 때문이다. 만약 자녀가 부모의 신임을 결코 회복할 수 없을 것이며 자신의 자유가 영원히 박탈되었다고 생각하면 자녀는 공개적으로 반항하거나 제 멋대로 행동하게 될 것이다.

결실/10호/아크릴

"타인의 뇌"도 생각으로 시동을 걸어서 끌고 가니,
항상 분별하라

4) 친구의 압력에서 벗어나는 기술을 가르쳐 준다.

부모들은 부정적인 친구의 압력을 이기기 위해 노력하고 있는 자녀들을 도와주어야 하며, 친구들의 압력을 거절하는데 필요한 방법을 가르치는 것 역시 중요하다. 약물의 유혹을 물리치기 위해서 어떤 식으로 말하고 행동할 것인지, 집단으로부터 완전히 소외될지도 모르는 위험을 어떻게 소화할 것인지를 자녀들과 함께 대화하고 연습할 필요가 있다. 물론 이와 같은 방법들은 전문가를 통해 부모가 먼저 습득하여야 한다.

5) 자녀의 행동에 관심을 가져야 한다.

자녀는 결국 부모의 사랑과 관심을 먹고 성장한다. 자녀의 작은 변화도 발견할 수 있어야 한다. 그래야 중독으로부터 자녀를 예방할 수 있다.

부모들은 자녀들이 자기 스스로 자유를 조절할 수 있을 때까지 그들의 자유를 어느정도 제한하여 안전을 보장하도록 지속적으로 관심을 가져야 한다. 특히 술이나 담배, 약물이 관련된 곳에서는 그들의 자유를 제한하는 것이 매우 중요하다. 자녀들을 매 순간 감시하려는 것도 어려운 일이지만 부모로부터 그러한 감독을 받

마음은 생각하는 쪽으로 기운다

지 않고 생활하는 청소년들은 문제를 가진 또래 집단 속으로 휩쓸려 갈 가능성이 많으며, 스스로 문제를 일으킬 가능성도 더 크다. 부모는 자녀가 지금 현재 어디에서 누구와 함께 무엇을 하고 있는지를 반드시 알고 있어야 한다. 자녀가 주어진 자유시간을 책임감 있게 잘 이용하고 있다면 부모는 감시를 점차 줄일 수 있을 것이다. 맞벌이를 하는 부모일지라도 전화로 자녀의 방과 후 생활을 확인할 수 있으며, 자녀가 참여하고 있는 과외활동을 주의 깊게 관찰하는 것으로 감독자로서의 부모의 역할을 할 수도 있을 것이다.

자녀가 저녁에 어디에서 누구를 만나는지 알아보는 것도 중요하지만 자녀와 의논하여 귀가시간을 정하고 언제 집에 돌아와야 하는지를 일깨워 주는 것도 중요하다. 자녀와 의논하여 이런 규칙을 정해 놓으면 나중에 오해와 충돌의 소지를 줄일 수 있으며, 자녀들이 부모와 합의한 규칙을 잘 지키면 그들에게 자유를 더 허락할 수 있을 것이다. 그러나 규칙을 잘 지키지 않는다면 자녀에게 주어진 자유를 줄일 수도 있을 것이다.

생각하는 대로 그것을 느낀다.
생각하면 "생각의 눈"으로 보인다.
생각할수록 돋보인다.
생각할수록 자세히 알게 된다.

6) 다른 학부모들과 긴밀한 연락을 취한다.

대분의 청소년들은 자신의 행동을 뒷받침해주는 지지세력을 가지고 있다. 저녀와의 대화의 중요성이 여기서 대두 된다. 친한 친구의 전화번호와 그들의 부모 전화번호는 확인 되어져야 한다. 그러했을 때 자녀를 조금 더 올바르게 지도할 수 있는 여건이 만들어지는 것이다. 부모들도 청소년들의 또래 집단 형성의 원리처럼 지역사회 내에서 이런 원리를 이용하여 지지조직을 만드는 것이 필요하다. 이런 조직망을 통하여 자녀들을 서로 돌봐주고 청소년들을 중독으로 부터 예방할 수 있는 다양한 논의도 하고 정보 또한 공유하여 올바른 결정하도록 한다.

7) 자녀의 중독 징후 때 확인한다.

자녀들의 행동이 평소와 다른 점이 없는지, 중독과 관련되어 있다고 믿어지는 증거가 있다면 확실한 증거를 찾기 위해 자녀의 동의하에 소지품을 검사하고 방을 뒤져보도록 하여 확인하도록 한다. 부모들은 확실한 증거가 있어도 설마 아니겠지 하고 자녀를 믿으려하며 자꾸만 뒤로 미루는 경향이 있다. 그러나 중독의 문제는 조기발견하여 부딪힐 수록 극복하기 쉽다는 것을 잊어서는 안 된다.

자기를 가지고 자기를 성공시킨다.

8) 자녀가 중독상태에 깊이 빠져 있을 경우

술이나 약물 그리고 인터넷, 스마트폰에 빠져 있는 자녀들이 있을 때 초기에는 부모들이 해결할 수 있지만 중독상태가 되었을 때는 전문가의 도움이 필요하다. 자녀와 정면대결하기 전에 전문가의 도움을 청하여야 한다. 자녀와 대화를 할 경우에는 스스로의 느낌을 솔직히 표현하되 화를 북돋우거나 두렵게 만들지 말아야 한다. 꾸짖고 비난하며 위협하면 자녀들은 문제를 숨기고 더욱 심각해질 수 도 있다. 부모는 중독에 대하여 공부를 하여야 하며, 비슷한 문제를 가졌던 사람들의 이야기를 경청하고 희망을 가지고 모든 일에 현실적으로 대처할 필요가 있다.

지혜는 현실과 미래를 같이 묶어 저울질하여
올바로 판단하게 하고 올바로 행하게 한다.

중독예방은 부모들이 앞장서서 노력하여야 한다

첫째, 부모교육의 중요성을 각종 대중매체를 이용한 지속적인 홍보와 더불어 범국민적인 캠페인으로까지 발전시켜 부모들의 자발적인 참여를 이끌어 낼 수 있도록 정부 차원의 노력이 필요하다.

둘째, 각 초 · 중 · 고 청소년 자녀를 둔 부모는 중독예방교육을 연간 4시간에 걸쳐 의무화를 추진하는 방안이다. 현 · 재 우리나라는 교과부에서 유 · 초 · 중 · 고 학생들에게 약물오남용예방교육을 의무적으로 연간 2시간에 걸쳐 진행하도록 의무화를 하고 있는데 이와 같이 청소년중독예방에 있어서 부모의 비중은 상당히 많은 부분을 차지하고 있는바 학생대상의 중독예방교육 뿐만 아

생각의 구상을 받고 행하여 남기기다.

니라 부모교육을 의무화 하는 방안이다. 청소년의 중독문제에 있어서 가장 효과적인 방법은 예방이라고 한다면 그중에 제일은 부모교육으로 시작되는 예방이 가장 효과적일 것이다.

셋째, 찾아가는 중독예방교육으로 각 기업체에 성폭력 · 성희롱 예방교육을 법적으로 의무화 하듯 약물교육 또한 각 기업체에 의무교육으로 법적인 조항을 추진하는 것이다. 청소년백서를 통해 알 수 있듯이 우리나라 부모들과 청소년들의 대화는 하루에 30분 미만의 학생들이 50%가 넘는 것을 볼 때 대화의 단절에서부터 시작되는 청소년약물남용의 문제가 점점 심각해 질 수밖에 없는 것이 현실이다. 그러기에 각 기업체에 찾아가는 약물교육을 통해 부모교육을 의무화함으로 청소년자녀를 둔 부모에게 정보제공을 해 주는 것은 당연한 것이라 할 수 있겠다.

> 앞을 내다보는 자가 있고, 뒤를 생각하는 자가 있고, 현실만을 보는자가 있다. 한 가지만 보면 실패한다. 세가지를 다 보고, 현실에서 앞을 내다보면서 살아야 된다.

넷째, 학교 홈페이지 방문을 의무화 하는 방안이다. 부모에게 중독의 위험을 알리고 자녀와 함께 볼 수 있는 중독예방 교육자료를 상시 볼 수 있도록 각 학교는 자료를 오픈하는것 과 동시에 방문을 못하는 부모들을 위해 온라인으로 중독예방교육을 필히 이수할 수 있게 하는 것도 좋은 방법이라 생각된다.

이러한 과정들을 통해 부모들이 중독의 위험성에 대해 교육을 먼저 받고 자녀들을 양육할 수 있도록 해야 할 것이다.

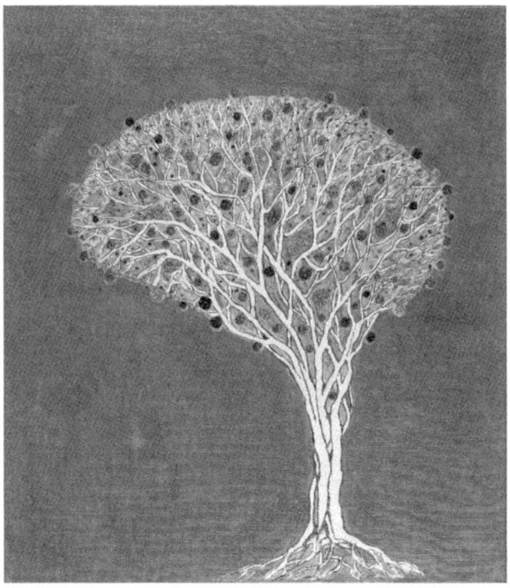

뇌 나무/10호/아크릴

> 고생되도 생명길로 가라. 생명길로 온 후에 두가지를
> 비교해 보아라. 고생되도 생명길로 온 것이 나은지,
> 편하다고 사망길로 간 것 나은지 비교해 보아라.
> 호랑이와 고양이 차이다.

굳은 뇌(중독된 뇌)를 풀 수 있는 방법은?

중독된 굳은 뇌를 풀기 위해서는 먼저는 교육이 가장 중요하다.

자신이 중독되어 있는지에 대한 이해와 더불어 중독의 위험성에 대한 인지가 되어져야 중독을 예방도 하고 치료도 가능해 지기 때문이다.

"나쁜것"도 있지만 "좋은것"도 있다.
농약은 나쁘지만, 농사 지을 때 해충을 없애는 데 쓰인다.
장단점을 알고 장단 맞춰 살아라

"굳은 뇌"를 풀려면 생각이 힘이다

뇌라는 것은 손으로 만져도 그 촉감이 뇌로 전달이 되어서 뇌에서 더 강하게 느낀다. 그래서 뇌에서 좋은지 안 좋은지 전두엽에서 판단하게 된다. 그래서 뇌가 판단하는 강도에 따라서 자신이 실제 느끼는 느낌이 달라지는 것이다.

그러니 뇌가 너무 중요하다는 것이다.

내 손이 담배에 손이 가고, 술에 손이 가도 판단은 무엇이 하죠?

"나무나 돌 등 만물을 그대로 놓고 사용하는것"과
그것을 가지고 지이나 필요한 것을 만들어서 사용하며
사는 것을 비교해 보아라.
매일 쓸 때마다 엄청난 차이가 난다.

뇌가 한다. 그런데 뇌가 술 담배의 위험성의 그 강도를 굳어서 느끼지 못하면 술, 담배를 가까이 하게 되어 버린다는 것이다. 그러니 뇌가 제대로 배우지 않고, 개발되지 않고 제대로 성장되지 않으면 좋은 것을 보고 들어도 자신이 실제 느끼는 강도가 약하게 되는 것이다. 그러다 보니 올바른 판단과 행동을 할 수 있는 선택을 못하게 되는 것이다.

그렇다면 우리는 굳은 뇌를 어떻게 풀 수 있을까?

굳은 뇌를 풀려면 생각이 힘이다

중독이라는 것이 얼마나 위험한 것인지!
자신의 삶가운데 도움이 되는지?아닌지?
정확한 판단을 할 수 있는 "생각의 힘" 이 필요하다.

생각이 힘이 강하면 강할수록 중독으로부터 자신을 보호할 수 있고, 중독되었다 할지라도 중독으로부터 빠져 나올 수 있는 확률이 높아지는 것이다.

> 내 시계가 멈춘다고 시간이 멈추겠느냐. 시간도 멈추지 않고,
> 지구도 멈추지 안혹, 태양도 멈추지 않는다.

생각의 힘으로 굳은 뇌를 풀어놨다 할지라도 또 다시 생각하지 않으면 무용지물이 된다.

중독자가 15년을 벗어난 생활을 했다 할지라도 4명 중에 한명이 다시 재발된다는 연구가 있다. 이에 우리는 중독의 재발을 막기 위해서 평생 관리가 필요함을 알 수 있다.

그렇다면 평생 중독의 굳은 뇌를 관리 할 수 있는 "생각의 힘" 은 어디에서부터 나오는 것일까?

자신 혼자서의 힘으로는 만들기가 어렵다.
그래서 부모의 역할, 교사의 역할, 멘토의 역할이 너무도 중요하다.

중독된 굳은 뇌는 자신의 중독된 상황을 숨기느라 페르소나(마스크)를 쓰게 되는데 그러다 보면 점점 더 비정상적인 행위를 합리화하며 변화의 책임을 부정하기 위해 특정 태도 혹은 페르소나를 통해 자신을 보호 하려는 성향을 가지게 된다. 그러다 보면 굳은 뇌를 풀 수 있는 생각의 힘은 점점 작아져 결국은 자기 인생을 내어줘야만 하는 상황에 까지 가게 되는 것이다.

관리하면 남도 살리고, 자기도 살린다.
관리는 생명 연장이다. 생명 창조다.
매일 자기관리를 첨단으로 해라.

그렇게 페르소나를 사용하다 보면 대화가 단절되게 되고, 다른 이에게 내 자신을 개방 하지도, 그리고 비난을 받아드리지도 못하게 되게 되며, 오히려 남들을 조작하거나 속이 려는 목적으로 자기 자신을 더욱더 비난 하게 된다. 이러한 과정을 반복하게 되면서 "나는 안돼"라는 의식이 팽배해 짐으로 중독으로 부터 더욱 헤어 나오기가 어려워지는 것이다.

자기 자신 스스로 어쩔 수 없는 중독의 "피해자"라고 생각하게 되며, 자기 행동의 책임을 부정하기 위해 연민을 사용하게 되고 장래에 대한 인식은 거의 찾아볼 수 없게 되고 만다.

그래서 무엇보다 자기 자신의 페르소나를 벗겨줄 중독예방교육이 너무나도 중요하다.

자신이 어느 정도로 뇌가 굳어가고 있는지 인식할 수 있어야 풀릴 수 있는 것이다.

결국 자신이 자신을 인정하는 순간 중독으로부터 자신의 뇌를 보호할 수도 지켜낼 수도 있는 것이다.

생각을 잘못하면 딴 세상이다.

뇌는 녹음기와 같다

마지막 생각을 어떤 생각을 했는지,
마지막에 눈으로 본 것이 무엇인지,
마지막 자신이 느낀 감정이 어떤
감정이였는지가 핵심이다.

잊으면 죽는다

중독의 위험성을 잊는 순간 중독에 빠져 들 수밖에 없는 것이다.

강한 생각이 힘이 절대적으로 필요하다

강한 생각의 힘은 어디에서부터 시작하는가?

바로 교육에서부터 시작된다.

"앞날의 좋은 때"는 멀리 있다. 그러니까 "거리"도 재 봐야 된다. 과거의 사람을 거울로 삼고, 현재의 삶도 거울로 삼아 앞을 내다보기다. 앞이 막히는 곳도 있다. 그러니까 미래라는 길도 내다보고 가야 된다.

그리고 교육 및 상담은 바로 이어져야 치료와 예방의 가장 좋은 예가 나올 것이다.

또한 중독을 인지 할 수 있는 가장 좋은 방법은 자신이 빠져 있는 중독의 사용일지를 작성하는 것이 더 이상 중독으로 빠져드는 가장 좋은 방법 중 하나일 것이다.

하루 24시간을 자신이 어떻게 사용하고 있는지를 스스로가 체크 할 수 있도록 하는 것이다.

청소년들의 사용일지 작성의 유도는 가족회의를 권장한다. 가족회를 통해 중독을 예방하는 것이 가족내에서 할 수 있는 방법일 것이다.

가족들의 수고와 애씀에도 불구하고 중독을 벗어나지 못하는 자녀들은 분명 전문가와 상담하는 것이 가장 빠른 치료와 예방법이다.

세상에 좋은 것이 있다 해도 영원한 것은 없다.
육신이 죽으면 모든 것이 끝난다.

중독치료 프로그램 소개

AA 12단계

1단계 : 우리는 알코올(중독요소)에 무력했으며, 우리의 삶을 수습할 수 없게 되었다는 것을 시인했다.

2단계 : 우리는 위대하신 힘이 우리를 본 정신으로 돌아오게 해 주실 수 있다는 것을 믿게 되었다.

3단계 : 우리가 이해하게 된 대로, 그 신(神)의 돌보심에 우리의 의지와 생명을 맡기기로 결정했다.

4단계 : 두려움 없이 우리 자신에 대한 도덕적 검토를 했다.

> 매일 성공하려거든, 그날의 일을 그날 하도록 생각을 잘 하고 해라. 음식도 그 때 못 먹으면, 제 맛이 변한다. 일도 그때 못하면, 이르이 맛이 없어져서 안 하게 된다.

5단계 : 우리의 잘못에 대한 정확한 본지를 신과 자신에게, 그리고 다른 어떤 사람에게 시인했다.

6단계 : 신께서 이러한 모든 성격상 결점을 제거해 주시도록 완전히 준비했다.

7단계 : 겸손하게 신께서 우리의 단점을 없게 주시기를 간청했다.

8단계 : 우리가 해를 끼친 모든 사람의 명단을 만들어서 그들 모두에게 기꺼이 보상할 용의를 갖게 되었다.

9단계 : 어느 누구에게도 해가 되지 않는 한, 할 수 있는 데까지 어디서나 그들에게 직접 보상했다.

10단계 : 인격적인 검토를 계속하여 잘못이 있을 때 마다 즉시 시인했다.

11단계 : 기도와 명상을 통해서 우리가 이해하게 된 대로의 신과 의식적인 접촉을 증진하려고 노력했다. 그리고 우리를 위한 그의 뜻만 알도록 해주시며, 그것을 이행할 수 있는 힘을 주시도록 간청했다.

12단계 : 이런 단계들의 결과, 우리는 영적으로 각성되었고, 알코올중독자들에게 이 메시지를 전하려고 노력했으며, 우리 일상의 모든 면에서도 이러한 원칙을 실천하려고 했다.

> 일을 할때는 매듭을 짓고 끝장을 보게 하는 것이다.
> 그때 못하면 그 차원 그 생각으로 구상하여 행해지지 않는다.
> 한 생각, 한 동작으로 하기다. 그러면 잘해진다.

마무리하며 본 책을 지필하기까지 수 많은 가르침을 주신 나의 멘토를 중거하고자 한다

전 인류 73억 모두에게 멘토의 평생을 통해 삶의 희망과 비젼을 행동으로 몸소 제시해 주시며

사람이 어떻게 사는것이 인생사는 근본의 목적인가?

를 풀어주시고 수 많은 가르침으로 남녀노소 전세계 수 많은 제자들을 인도 하고 계시며 특히 전 세계 수 많은 제자들에게

"사람은 만들기에 달려 있다"

는 핵 적인 가르침을 통해 누구든지 자신을 어떠한 존재로 만드는지에 따라 멋지고 신비하고 웅장하고 아름다운 사람이 될 수 있음을 가르치고 계신다.

또한 수 많은 중독자들을 중독의 길에서 벗어나게 해 주셨으며 중독에서 잠깐의 벗어남이 아닌 영원히 중독에서 회복되어질 수 있는 근본의 가르침을 주시고 계신다.

이에 저자는 다음 2편 중독힐링편에서 나의 멘토께서 40여 년의 긴 시간동안 중독으로부터 수 많은 자들을 끌어내어 오신 귀한 가르침을 독자여러분에게 소개하고자 한다. 그리고 본책에 수록된 잠언은 나의 멘토의 가르침이다.

생각이 신이다.

뇌는 눈과 같아서 볼수록 깊이 보듯 할 때,
더 좋은 생각이 난다.

제대로 생각하고 제대로 알고 행하는 것이 자기 무기다.
강한 생각으로 자기에게 일어나는 불의를 깨 부숴라.
온전한 생각이 자기를 지키는 무기다.
수호신이다. 사람의 육은 다 비슷하다.
생각은 그 종류와 차원이 천층만층이다.

참고문헌

1. 국내문헌

강은영, 「약물남용 예방교육의 실태와 효율화 방안」, 서울: 한국형사정책연구원, 2004.

경기도마약퇴치운동본부, 「마그미약사와 함께 하는 약물남용 예방교육」, 2011.

경기도마약퇴치운동본부, 「부모교육」,

곽지은, "청소년 약물남용의 문제점과 대책", 한림대학교 사회학과 석사학위논문, 2002.

교육과학기술부, 「학생흡연 실태와 음주실태」, 2009.

권미연, "약물남용 청소년의 개인적 · 가족적 · 또래관계적 특성", 경북대학교 대학원 석사학위논문, 1998.

김명석 외, 「청소년 약물 남용의 이론과 실제」, 명문출판사, 2008.

김명섭, 「약물남용 예방교육 – 생활기술(lige skill)교육을 중심으로」, 서울: 한국마약퇴치운동본부, 2002.

김문섭, "학교와 약물남용 예방교육" 「문화연구 제3집」, 서울: 한국문화학회, 1999, pp87~103.

김미경, "청소년 약물남용 예방교육프로그램 개선에 관한 연구", 한일장신대학교 기독교사회복지대학원 석사학위논문, 2007.

김성이, 「약물남용 청소년 예방활동 연구집」, 서울: 문화체육부 청소년보호위원회, 공편, 1997.

——, 「약물중독총론」, 서울: 양서원, 2002.

——, 「청소년 약물남용 실태와 예방대책 연구」, 서울: 문화체육부 청소년정책실 청소년지도과, 1996.

김소야자 · 김선아 외, "청소년 약물남용 예방교육 프로그램의 효과", 「대한간호학회지 제 29권 제 1호」, 한국간호과학회, 1999, pp150~160

김정식, "청소년 약물남용 실태 및 예방대책에 관한 연구", 수원대학교 사회복지대학원 석사학위논문, 2004.

김진숙 · 최은영, 「청소년약물남용 예방교육프로그램 개발연구」, 서울: 청소년대화의광장, 1997.
김혜균, "청소년 약물사용 예방을 위한 부모교육 프로그램 개발에 관한 연구", 가톨릭대학교 대학원 사회복지학과 석사학위논문, 1998.
대검찰청, 「마약류 범죄 백서」, 2010.
로스캠벨 · 이상원, 「지금, 우리의 자녀들이 마약과 습관성 약물에 물들고 있다」, 서울: 열린지성, 1995.
문양금, "청소년 약물남용 실태와 예방 대책", 아주대학교 교육대학원 석사학위논문, 2002.
미국 보건복지부 물질남용정신보건청 물질남용예방센터(CSAP), 「약물남용 예방(미국)」, 식품의약품안전청 · 한국마약퇴치운동본부, 번역, 2007.
박소연 · 이홍직, "미국의 알코올 및 약물 남용자에대한 처벌과 치료에 관한 고찰" 「한국교정학회소식 제 34호」, 한국교정학회, 2007. pp109~129
변상해 · 양해술, " 청소년 약물남용의 원인과 그 대책에 관한 연구", 「교정복지연구 제 6호」, 한국교정복지학회, 2006, pp45~65.
서울마약퇴치운동본부, 「약물예방강사 및 관련실무자 보수교육」, 2010.
―――――――――, 「약물예방전문강사 양성교육」, 2011.
신창순, "청소년 약물남용 실태 및 예방대책에 관한 연구", 한성대학교 행정대학원 석사학위논문, 2003.
신태용, 「약물오남용」, 서울: 신일상사, 2004.
심영희, 「약물남용의 실태와 통제방안-미국의 경우 -」, 서울: 한국형사정책연구원, 1993.
안동현 외, 「약물남용 예방지도교사 연수」, 서울: 한국마약퇴치운동본부 마약류 및 약물남용 예방센터, 2001.
안미아, "미국 청소년 약물오남용예방교육에 관한 연구", 한성대학교 행정대학원 석사학위논문, 2009.
안영철, "청소년 약물남용 실태 및 예방대책에 관한 연구", 호서대학교 벤처전문대학원 석사학위논문, 2006.
약물예방지역사회연계소 교육위원회, 「약물예방이론과 실제」, 서울: 네디넷, 2004.
여성가족부, 「청소년백서」, 2011.
――――――――, 「청소년종합실태조사 결과보고서」, 2011.
원사덕, "효율적인 청소년 약물남용 예방프로그램 수립에 관한 연구", 한성대학교 국제대학원 석사학위논문, 2003.
윤종필, 김명석외, 「청소년 약물 남용의 이론과 실제」, 명문출판사, 2008.
이기영, "청소년 술, 담배 및 마약류사용 실태조사 및 선별도구개발보고서" – 부산지역 중고등학생대상–, 재)한국마약퇴치운동본부 부산지부, 2004
이미영, 「마약류 수요감축 심포지엄–약물남용예방 지도자를 위한 LifeSkill훈련」, 서울: 식품의약품안전청 · 한국마약퇴치운동본부,공편, 2003.
이윤로 편저, 「청소년 약물오남용의 원인과 치료」, 서울: 도서출판 문음사, 1997.
이정숙 외, 「학생 약물 오남용예방 표준프로그램 최종 보고서」, 광주교육청 · 광주남구 청소년정신보건센터, 2006.
임경묵, "청소년 약물남용의 실태와 예방에 관한 연구", 대전대학교 경영행정대학원 석사학위논문, 2000.
장혜수, "청소년 약물남용의 사회적 원인과 그 대책에 관한 연구", 단국대학교 행정대학원 석사학위논문, 2001.
장후용, 「心理야 藥物하고 놀지 말고 相談하고 놀자」, 아브라함, 2009.
주왕기 · 최충옥, 「청소년을 위한 미국의 약물남용교육 – 미국 교육성의 약물남용예방 교육과정」, 서울: 도서출판 신일상사, 1999.
청소년대화의광장, "청소년약물남용 예방교육프로그램 개발연구", 1997.
최선화, 「청소년과 약물남용」, 서울: 홍익사 1996.
최은영, "약물남용예방교육", 「병원약사회지 제 20권 1호」 한국병원약사회 서울: 학지사, 2003. pp1–7
––––, 「청소년 비행 및 약물중독 상담」, 학지사, 2005.
최은진, "약물오남용 예방을 위한 국민보건교육정책", 「보건복지포럼 36호」, 서울: 한국보건사회연구원, 1999, pp28~35
한국마약퇴치운동본부, 「마그미강사양성교육」, 2012.
————————, 「약물남용 예방교육」, 2006.
홍서연, "아동복지시설내 청소년을 위한 약물남용예방 프로그램에 관한연구", 가톨릭대학교 사회복지대학원 석사학위논문, 2005.
다니엘 G 에이먼, 「뇌는 늙지 않는다」. 2015. 02. 03

2. 국외문헌

Belenko, S. R., *Drugs and Drug policy in America*, Greenwood press, 2000.

Bendura, A., *Scoial Learning Theory*, New Jersey: Prentice Hall, 1997.

Botvin, G. J., *Preventing alcohol and tobaco use through life skills training: Theory, method, and empirical findings*, Alcohol research and health, 2000.

Coombs, R. H., and D. M. Ziedonis, *Handbook on Drug Abuse Prventoin*, Allyn and Bacon, 1995.

Jessor, R., and S. Jessor, *Problem behavior and psychosocial development: A longitudinal study of youth*, New York: Academic press, 1997.

Musto, D., *The American Disease: The Orgins of Narcotic Contro,*. Oxgord University Press, 1987.

Slovoda, Z., and J. W. Bukoski, *Handbook of Drug Abuse Prevention: Theory, Science, and Practice*, Springer, 2006.

United Nations Offce on Drugs and Crime, *School-based education for drug abuse prevention*, 2004.

3. 사이트

교육과학기술부 www. mest.go.kr

경기마약퇴치운동본부 www. ggdrugfree.or.kr

금연길라잡이 www. m.nosmokequide.or.kr

대검찰청 www. spo.go.kr

대한보건협회 www. kpha.or.kr

보건복지부 www. mw.go.kr

여성가족부 www. mogef.go.kr

한국금연운동협의회 www. kash.or.kr

청소년흡연음주예방협회 www. ynsa.or.kr

한국마약퇴치운동본부 www. drugfree.or.kr

한국자살예방협www. suicideprevention.or.kr

1편 중독 편 "내가 원하는 뇌"

사람은 만들기에 달려있다

인쇄일 | 2016년 3월 16일
발행일 | 2016년 3월 16일

지은이 | 최영자
그림 | 조성일
삽화 | 최지우
펴낸곳 | 도서출판 조은
발행인 | 김화인
주소 | 서울시 중구 을지로20길 12 대성빌딩 4층
전화 | (02)2273-2408
팩스 | (02)2272-1391
출판등록 | 1995년 7월 5일 등록번호 제2-1999호
ISBN | 978-89-94329-78-9
정가 | 15,000원

작품명 : 뇌 나무

작품명 : 뇌 과일

작품명 : 생명의 키

작품명 : 생명의 길

작품명 : 여행

작품명 : 이상세계

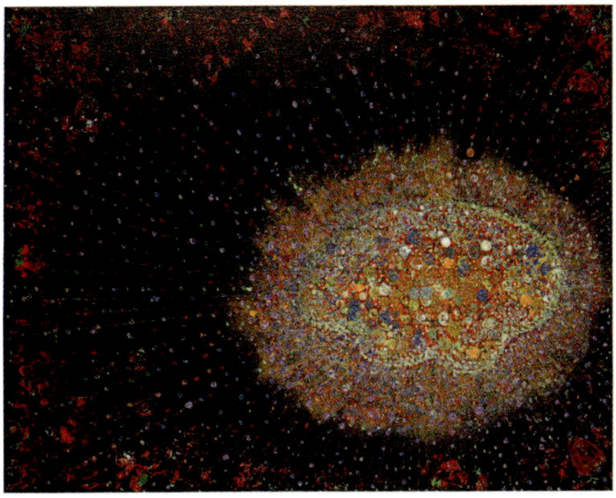

작품명 : 환희

작품명 : 마음의 창

작품명 : 두길

작품명 : 고뇌

작품명 : 사랑

작품명 : 조화

작품명 : 느림의 미학

작품명 : 결실

작품명 : 뉴런

작품명 : 소통

작품명 : 고요한 밤

작품명 : 문

작품명 : 반응

작품명 : 부활

작품명 : 동행

작품명 : 생명의 속삭임

작품명 : 돛

작품명 : 구원자의 눈

작품명 : 잠재의식

작품명 : 조건